AFRODITE S.A.

João José da Costa

Afrodite S.A.

Os riscos e cuidados
nas aventuras amorosas
no trabalho

MATRIX

Matrix Editora
atendimento@matrixeditora.com.br
www.matrixeditora.com.br

Capa, Projeto Gráfico e Diagramação
Tabata Resende

Revisão
Alexandre de Carvalho
Adriana Parra

Dados Internacionais de Catalogação na Publicação (CIP)
SINDICATO NACIONAL DOS EDITORES DE LIVROS, RJ.

Costa, João José da
Afrodite S.A. : os riscos e cuidados nas aventuras amorosas no trabalho / João José da Costa. - São Paulo : Matrix, 2011.

1. Relação homem-mulher. 2. Ambiente de trabalho. 3. Conduta. 4. Comportamento organizacional. I. Título.

10-6598. CDD: 306.7
CDU: 392.4

Dedico este livro a todos os homens que souberam resistir e se proteger do Poder de Afrodite, quando exercido de forma inapropriada no ambiente de trabalho, demonstrando fidelidade, profissionalismo, respeito às normas, cultura e valores da empresa, preservando intocável sua imagem profissional.

Agradeço aos colegas de Recursos Humanos que colaboraram com este trabalho, contando alguns casos, entre os inúmeros que vivenciaram, de aventuras amorosas no ambiente de trabalho e as consequências nas relações trabalhistas, bem como os ensinamentos sobre os conceitos e políticas formuladas pelas empresas para disciplinar este assunto em suas organizações.

Finalmente, agradeço a Afrodite, independentemente de crenças mitológicas, essa deusa maravilhosa do amor, quaisquer que tenham sido os rumos que seus adoradores decidiram seguir, alguns por estradas impedidas e proibidas e, muitos outros, felizmente, por estradas livres e permitidas, entregando-se ao mais elevado dos sentimentos humanos, o amor, em todas as suas formas de manifestação.

Sumário

Introdução

Quem é Afrodite? Afrodite é a deusa do amor, da beleza corporal e do sexo na mitologia grega, e exercia forte influência no desenvolvimento e prazer sexual das pessoas. Ela era considerada, também, a deusa protetora das prostitutas na Grécia Antiga. De acordo com a mitologia, Afrodite nasceu na ilha de Chipre, filha de Zeus (deus dos deuses) e Dione (deusa das ninfas), casou-se com Hefesto (deus do fogo). Porém, em função de suas vontades e desejos, possuiu vários amantes, homens mortais e outros deuses. (Nossa! Essa Afrodite era mesmo insaciável, não?) Afrodite teve diversos filhos com seus amantes. Eneias (importante herói da Guerra de Troia), com seu amante Anquises; com Hermes (deus mensageiro) teve o filho Hermafrodito; com Ares (deus da guerra) teve os filhos Eros (deus da paixão e do amor) e Antero (deus da ordem); com Apolo (deus da luz, da cura e das doenças) teve o filho Himeneu; com Dionísio (deus do prazer, das festas e do vinho) teve o filho Príapo (deus da fertilidade).

Na mitologia romana, Afrodite era chamada de Vênus. Afrodite se valia do sexo para atingir seus propósitos (muito interessante e inusitada essa revelação!). Ela era adúltera e ardilosa. O poder sedutor de Afrodite era tão grande que os deuses brigavam o tempo todo pelos seus encantos, enquanto ela os desprezava a todos, como se nada fossem. Afrodite começou a trair seu marido Hefesto para se valorizar. Este, com medo de perdê-la, passou a cobri-la de joias do mundo, uma vez que ela era aficionada por elas, inclusive um cinto mágico do mais fino ouro, entrelaçado com filigranas mágicas. (Agora entendo de onde vem esse gosto feminino pelas joias!) Isso não foi muito sábio da parte dele, uma vez que Afrodite usava esse cinto mágico para fazer com que ninguém resistisse aos seus encantos.

Afrodite sempre amou a alegria e o glamour e nunca se satisfez em ser a esposa caseira do trabalhador Hefesto. Afrodite amou e foi amada por muitos deuses e mortais. Vale destacar que a deusa do amor não admitia que nenhuma outra mulher tivesse uma beleza comparável com a sua, punindo (somente) as mortais que se atrevessem a comparar a beleza com a dela ou quem possuísse tal beleza. Suas festas eram chamadas de afrodisíacas e eram celebradas por toda a Grécia, especialmente em Atenas e Corinto. Com o passar do tempo e com a substituição da religiosidade matrifocal pela patriarcal, Afrodite passou a ser vista como uma deusa frívola e promíscua, como resultado de sua sexualidade liberal. Parte dessa condenação a seu comportamento veio do medo humano frente à natureza incontrolável dos aspectos regidos pela deusa do amor. Em Corinto, praticava-se a prostituição religiosa no templo de Afrodite. O sexo com as prostitutas, geralmente escravas, era considerado um meio de adoração e contato com a deusa. (Ah! Desde aqueles tempos os homens encontram cada desculpa!)

Acreditam os seus adoradores e seguidores atuais que Afrodite ensinava o amor e estimulava a prática do sexo em sua forma plena, com tórridos relacionamentos nascidos, mais modernamente, através de cartas de amor, poesias, jantar à luz de vela e flores, e-mail, blog, Twitter, Facebook, MSN, chats e inúmeros outros recursos da internet, antes das preliminares e do objetivo final maior. Afrodite era uma deusa agressiva e audaciosa, defendia menos romance e preliminares no amor, recomendando uma abordagem direta ao alvo final. E o número de adoradores e seguidores de Afrodite está cada vez maior, se espalhando e proliferando pelo mundo!

A deusa Afrodite conferiu a todas as mulheres o poder da atração e da sedução sobre os homens. E, para algumas, Afrodite deu esse poder de uma forma muito especial, tornando-as uma "armadilha irresistível" para eles. Em especial, nos ambientes de trabalho...

Desde os primórdios dos tempos, o Poder de Afrodite tem se mostrado um dos mais tremendos da face da Terra. Por ele, reis, presidentes, políticos, homens poderosos, celebridades das artes e dos esportes e os mais comuns dos mortais perdem suas cabeças, sua liberdade, travam guerras, comprometem suas carreiras, rompem laços matrimoniais e sacrificam até suas vidas. No ambiente de trabalho, essa verdade está fortemente presente e, não raras vezes, interrompe carreiras bem-sucedidas e provoca sérios problemas organizacionais e de relações trabalhistas. Conheça uma série de situações baseadas em fatos reais que demonstram como funcionários categorizados de empresas, em especial, cederam a esse irresistível "poder", quais suas consequências para as organizações e problemas que tiveram que enfrentar.

Fique alerta! Mais cedo ou mais tarde, você também poderá ser tentado e sucumbir ao Poder de Afrodite no trabalho. E isso poderá ser fatal para sua carreira e para sua família. Entretanto, se não conseguir resistir, faça-o com a consciência dos prazeres e problemas potenciais que terá pela frente.

E o Poder de Afrodite, através de Eva, dá sua primeira grande manifestação de força.

Na primeira sexta-feira, sexto dia da Criação, quando o mundo era inocente e puro, Adão e Eva viviam no Jardim do Éden, recentemente criado pelas mãos de Deus. Eles receberam a tarefa de cultivar e proteger o Paraíso e Deus lhes ordenou: “Não comam o fruto da árvore do conhecimento, pois, no dia em que comerem, morrerão”.

Tiveram uma opção: abster-se de comer o fruto da árvore e viver para sempre no Jardim do Éden ou comê-lo e serem banidos para o mundo da mortalidade. Três horas após sua criação (que pressa, não?), comeram do fruto da árvore. Assim, foram expulsos do Éden para sempre.

Era o plano de Deus que Adão e Eva vivessem para sempre no Paraíso, em um estado divino de pureza, inocência e imortalidade.

Mas Eva, seduzida pela cobra (aliás, a cobra tem sido uma tentação e uma perdição a muitas mulheres até os dias de hoje!), comeu do fruto da árvore e convenceu Adão a fazer o mesmo. Quando Deus perguntou a Adão: “Tu comeste do fruto da árvore?”, Adão, em sua inocência, admitiu que fora iniciativa de Eva, não sua (homens têm sempre essa desculpa!). “Ela deu-me o fruto da árvore e eu comi”. Em resposta, Deus disse: “Porque o fizeste, morrerás; comerás o pão pelo suor de teu rosto e tu, Eva, em dor, darás à luz”.

Até hoje ficamos indignados com a atitude de Adão e Eva e pensamos como foram bobinhos nossos primeiros pais. Eva ficou encantada pela cobra, foi por ela seduzida e convenceu Adão a comer do fruto proibido e, assim, perderam a intimidade e a graça de Deus e ganharam a morte de presente. Adão teria sido o primeiro ser humano da Terra a sucumbir ao Poder de Afrodite, comendo o “fruto proibido” da árvore oferecido por Eva.

Sua expulsão do paraíso até hoje atinge a todos nós! Passamos a ganhar o pão com o suor de nossos rostos. Assim, a fraqueza de Adão repercute “dolorosamente” até os nossos dias.

De Adão e Eva para cá, temos visto inúmeros casos na história demonstrando a extraordinária grandeza do Poder de Afrodite.

E o que falar da famosa história de Sansão e Dalila? Dalila nunca foi esposa de Sansão, mas existem muitas semelhanças entre a experiência de Sansão com a mulher com quem se casara antes e a que teve com Dalila, a mulher por quem ele mais tarde se apaixonou. As duas eram filisteias. As duas foram procuradas pelos anciãos filisteus a fim de preparar armadilhas para Sansão. Inicialmente, Sansão resistiu às tentativas de ambas, mas, no fim, ele se rendeu a elas. Embora não tenha se casado com Dalila, foi o nome dela, e não o de sua esposa sem nome, que ficou associado ao de Sansão.

A história de ambos é mais ou menos assim:

Os hebreus lamentavam sua sorte e se sentiam abandonados por Deus, pois viviam escravizados pelos filisteus. Surge entre eles um líder, Sansão, que os encoraja. Sansão invoca o poder de Deus, ganha lutas e sua demonstração de força faz os filisteus fugirem.

O sumo sacerdote de Dagon recebe uma mensagem de que os escravos liderados por Sansão estão destruindo os campos. Quando amanhece, os hebreus rezam em louvor ao poder de Deus sob o comando de um ancião e, assim que as portas do templo são abertas, aparece Dalila e um grupo de jovens filisteias para coroar Sansão. Ela o convida para visitá-la no vale de Soreque, mas o ancião alerta o herói contra os encantos da sacerdotisa.

Dalila está em casa esperando pela chegada de Sansão, quando o sumo sacerdote aparece oferecendo-lhe dinheiro para vingar o povo filisteu e descobrir o segredo da força de Sansão. Dalila diz que vai agir movida pelo ódio que sente pelo herói hebreu, e não pelo dinheiro.

Sansão chega à casa de Dalila cheio de remorsos (e cheio de amor para dar!). Em meio à troca de carícias ela pede a ele que lhe conte o segredo de sua força, mas Sansão se recusa. Dalila reclama de sua falta de amor e confiança. Sansão, então, revela que sua força vem de seus longos cabelos. Quando eles se deitam abraçados ela corta seus cabelos em um rápido golpe, chamando a seguir os soldados filisteus escondidos no jardim de sua casa, que levam o traído Sansão preso.

Um enfraquecido Sansão, que teve seus olhos arrancados, é mantido preso a uma roda de moinho que gira com dificuldade, ouvindo o lamento em coro dos hebreus acusando-o por sua má sorte de terem voltado a ser escravizados. Sansão pede perdão a Deus. Os filisteus comemoram em um bacanal ao lado de Dalila, e Sansão é levado para participar da festa. Todos zombam dele e, no momento em que o sumo sacerdote ofende Jeová, Sansão reza em voz alta e sente suas forças voltarem. Então ele pede a um menino que o leve ao centro do templo e saia correndo em seguida. Sansão usa sua força e coloca as colunas do templo abaixo, matando todos os que ali estavam.

(Essa Dalila explorava muito bem o Poder de Afrodite, não?) E a comemoração dos filisteus não poderia ter sido mais adequada para esta história!

E o que falar da guerra entre os gregos e os troianos? Troia existiu de 2250 a.C. até 1250 a.C. E, após tantos séculos de existência, acabou sendo destruída em razão do Poder de Afrodite, que, já naquela época, se mostrava superior a qualquer outro poder conhecido entre os homens. E tudo por causa de Helena.

Helena era considerada a mulher mais linda do mundo, filha de Zeus com a rainha Leda, de Esparta. Ela era casada com Menelau, rei de Esparta, primeira vítima do Poder de Afrodite. Em uma das grandes festas imperiais, Páris, príncipe de Troia, conheceu Helena e imediatamente foi dominado pelo Poder de Afrodite, tendo se apaixonado por ela. Helena aceitou fugir com o seu amante Páris para Troia, para desespero de Menelau, que via, assim, coisas estranhas crescerem em sua testa.

Menelau, traído, ficou furioso e reuniu os ex-pretendentes de sua esposa (veja o Poder de Afrodite que emanava de Helena!), que haviam prometido sempre protegê-la, e resolveu atacar Troia, numa aventura que durou dez anos, custando a vida de vários guerreiros lendários da história, como Ajax, Aquiles, Ulisses e o amante Páris, que pagou com a vida seus poucos momentos com Helena. Dizem que Páris, mesmo assim, sempre afirmou que valeu muito a pena.

Os gregos ainda presentearam os troianos com um cavalo gigante recheado de potenciais adoradores de Afrodite e, assim, venceram a guerra. Os chifres de Menelau estavam, finalmente, vingados! Mas que "presente de grego", não? Dizem outros historiadores (que não merecem muito crédito!) que Páris foi punido pelos deuses e deveria nascer mulher muitos séculos depois, com o mesmo nome de Páris, porém sem o acento, e possuir um dos mais extraordinários Poderes de Afrodite. E assim aconteceu!

Esse foi um exemplo da força devastadora que o Poder de Afrodite pode exercer.

A história de Júlio César, Cleópatra e Marco Antônio comprova que o Poder de Afrodite pode ser tão forte a ponto de envolver e submeter duas pessoas famosas e poderosas ao mesmo tempo.

Tudo começou quando Cleópatra enviou de presente a César um camelo. "Quem seria essa gentil rainha?", perguntava-se Júlio César, um poderoso general romano, considerado um dos maiores chefes militares da História e o responsável pelo estabelecimento das bases para a formação do Império Romano. Ele ganha fama, fortuna e poder ao conquistar a Gália e a Bretanha. Surgem revoltas em Roma, que estava sob a gestão de Pompeu. César cruza o

Rubicão e se apodera da Itália. Ele bate Pompeu em Farsália, conhece Cleópatra no Egito e cede aos encantos da linda e sensual rainha. César é proclamado ditador perpétuo, mas é assassinado em Roma, sendo que um dos assassinos é Bruto, seu próprio filho. Marco Antônio domina Roma e também cede aos encantos de Cleópatra, com quem se casa. A união fere as leis romanas, pois Marco Antônio já era casado com a irmã de Otávio Augusto. O senado romano declara guerra ao casal, derrotando-o na batalha naval de Actium. Cleópatra induz o marido ao suicídio, mandando dizer que está morta, e também se mata em Alexandria, fazendo-se picar por uma serpente. Com a morte de Cleópatra e Marco Antônio, o Egito passa a ser uma província romana.

Mesmo após sua morte, milhões de pessoas, por leitura ou filmes, se encantaram pela beleza de Cleópatra e seu poder de sedução. E muitas delas tiveram fantasias com o extraordinário Poder de Afrodite que dela emanava.

Quem não conhece o ditado popular "Agora, Inês é morta"?

Em Portugal, em meados do século XIV, Dom Afonso IV é o soberano que comanda o país.

Inês de Castro é uma dama da corte portuguesa. Jovem, loira, de olhos verdes (já viu onde esta história vai parar!), prometida aos 14 anos para o herdeiro do trono de Portugal, Dom Pedro, é dispensada por ser considerada "fraca", apesar de muito bonita, e trocada por Constança, uma princesa espanhola. Constança era "forte", ou seja, gorda e feia.

Dom Pedro, então, após os primeiros anos de casamento, começa a olhar com outros olhos para a concorrente, precisamente a linda Inês de Castro, agora já casada. Ambos começam uma relação pecaminosa perante a Igreja. Além das inúmeras desculpas para se manter fora de casa e se encontrar com Inês (veja que desde aquele tempo não faltavam desculpas para ausências de casa provocadas pelo Poder de Afrodite!), Dom Pedro ainda convida a amante para ser madrinha de seu primogênito e assim justificar os encontros tão comuns. Dom Afonso, então, manda que Inês seja exilada.

Porém, quando Constança morre, durante o parto do terceiro filho, Inês volta a ser amante de Dom Pedro.

Os conselheiros do reino não andavam muito satisfeitos com a nova situação, pois os irmãos de Inês eram conhecidos opositores do reino.

Dom Fernando, filho legítimo de Pedro e Constança, se sente ameaçado pelos irmãos bastardos, e seu avô, o rei Dom Afonso, apoiado pelo Conselho Real, ordena a morte de Inês de Castro.

Ao chegar após uma caçada, Dom Pedro encontra Inês degolada e, desesperado, resolve tomar o reino de Portugal à força. Quando finalmente assume o trono, Dom Pedro ordena a execução dos três assassinos de sua amada. Inês de Castro é proclamada rainha de Portugal *post mortem*, tendo o seu corpo coroado em solenidade formal, inclusive com a cerimônia do beija-mão, em que todos os membros da corte portuguesa tiveram que reverenciar e beijar a mão da infortunada Inês. Conta-se que, após a cerimônia, Dom Pedro teria exclamado: “Agora, Inês é morta!”, ou seja, “Agora, sim, Inês pode ser considerada morta!”. E ela foi enterrada, então, na qualidade de rainha.

Os túmulos de Inês e Dom Pedro não estão dispostos tradicionalmente lado a lado, mas um de frente para o outro, de forma que fiquem pé com pé. Segundo Dom Pedro, eles se olhariam nos olhos no dia em que se encontrassem para juntos subirem ao Paraíso. É o Poder de Afrodite elevando-se ao plano espiritual.

Que lindo, não? Entretanto, toda essa linda história de amor, apesar de trágica para Inês, seria impossível sem o extraordinário Poder de Afrodite.

E a História registra muitos outros casos, como o de Romeu e Julieta, por exemplo. Essa é uma das mais conhecidas peças de William Shakespeare. Ficção ou realidade? Um italiano que foi contemporâneo de Shakespeare, chamado Girolamo dalla Corte, falava para todos os visitantes que passavam por Verona que a tal história era de fato real e que teria ocorrido em 1303.

O enredo se passa em Verona, Itália, por volta do ano 1500, e trata do amor de um casal de jovens, Romeu e Julieta, que, apesar de provenientes de famílias rivais, se apaixonam um pelo outro. Duas poderosas famílias (os Montéquio e os Capuleto) são inimigas há muitos anos. O velho Capuleto, pai de Julieta, dá uma grande festa para a qual convida todos os amigos da família. Como é evidente, a família dos Montéquio não faz parte da lista dos convidados. Entretanto, Romeu Montéquio arranja um plano e entra disfarçado na casa dos inimigos da sua família. Ele se apaixona de imediato por Julieta e fica muito desiludido ao saber que ela é uma Capuleto. Romeu também não passa despercebido a Julieta, mas ela não sabe que ele é um Montéquio.

Mais tarde, depois de descobrir que o jovem por quem está apaixonada é o filho da família inimiga, Julieta vai para a varanda e conta às estrelas que tem um amor proibido. Romeu, escondido entre os arbustos por baixo da varanda, ouve as confissões de Julieta e não resiste. Ele se apresenta e lhe diz que também está apaixonado por ela. Romeu e Julieta se casam secretamente no dia seguinte.

Após se envolver em lutas e ganhar ainda mais o ódio dos Capuleto, Romeu é expulso da cidade pelo príncipe de Verona e se vê forçado a deixar Julieta, que sofre imensamente com toda essa história. O pai de Julieta, que não sabia do seu casamento com Romeu, resolve casá-la com um jovem chamado Páris (este Páris nada tem a ver com o príncipe de Troia!).

Desesperada, Julieta pede ajuda a Frei Lourenço, que a aconselha a concordar com o casamento. Diz a ela que na manhã do casamento deverá beber uma poção preparada por ele. A poção fará com que Julieta pareça morta e ela será levada para o jazigo de família dos Capuleto. Então o Frei mandará Romeu ter com ela para salvá-la. Julieta faz tudo o que o Frei a manda fazer e é deixada no jazigo, tal como estava previsto. Antes que o Frei possa falar com Romeu, este ouve a notícia da morte de Julieta. Desfeito de dor, Romeu compra um frasco de veneno e vai até o jazigo, onde bebe o veneno e morre ao lado da sua amada. Momentos depois, Julieta acorda e vê a seu lado o corpo inerte de seu marido.

O Frei chega e conta a Julieta o que se passou. Inesperadamente, Julieta pega o punhal de Romeu e se mata, pois já não tem motivos para viver.

Nessa comovente e romântica história, o Poder de Afrodite se mostra trágico, uma vez que duas cabeças se perderam. Mas tenho a certeza de que Romeu não se arrependeu de ter se entregado ao Poder de Afrodite, mesmo que por tão pouco tempo!

E no "Reino Brasilis" outro caso veio à tona, o de um todo-poderoso presidente com uma das vedetes mais cobiçadas do Brasil. Ela foi uma das maiores musas do teatro de revista de sua época. Durante quinze anos ela e o mais controvertido dos chefes de Estado do Brasil tiveram um romance. Ele era romântico, gostava de serenatas e costumava presenteá-la com orquídeas brancas. Eles não viveram um amor eloquente, mas foi um amor muito sensível. Ele era barrigudinho, baixinho, mas não teve problemas para conquistar a linda e famosa vedete, pelo homem que era e pelo que representava.

Ela conheceu o presidente quando tinha 15 anos. Era ainda uma menina. Tudo começou quando ela foi a um churrasco vestindo saia curta e bota (talvez tenha se originado nesse churrasco a expressão "a carne é fraca"!). Ela era bonita, ele ficou olhando e se deixou contaminar pelo Poder de Afrodite. Mas o namoro começou mais para a frente, quando ela já estava com 19 anos. Durou quase quinze anos, até a morte dele. O romance começou dentro de um teatro. Ele assistia a uma peça dela e foi ao camarim cumprimentá-la. Convidou-a para sair e foram jantar com os amigos dele em uma churrascaria. Daí tudo começou. Ele era romântico demais e gostava de uma serenata. Em sua cidade natal contratava artistas para isso e cantava junto, mas mal. Ele não era de dar brilhante, automóveis, nada disso. Era um homem que mandava flores. Sabia que ela adorava orquídeas.

E a vedete entrava e saía do palácio presidencial pela porta da frente. Passava lá à tarde, tomava um chá e fazia uma espécie de matinê. Viajavam muito também, inclusive para a Europa. Ela ia à frente com um dos homens de confiança do presidente – ele gostava muito das pernas da artista. E não era para menos! Ela era conhecida como a mulher das mais bonitas pernas do Brasil, dignas de um presidente!

É por aí mesmo. Ele deixou uma grande herança de benefícios aos trabalhadores brasileiros. E deu uma prova de que o Poder de Afrodite só o fez um homem melhor e mais inspirado, além de não prejudicar uma nação.

O Poder de Afrodite avançava para as celebridades políticas do mundo. E o caso supersecreto entre o presidente Kennedy e Marilyn Monroe, de que todos sabiam? Nesse caso, qualquer um poderia sucumbir ao Poder de Afrodite, em se tratando de Marilyn Monroe, talvez o maior símbolo sexual do mundo.

Mas foi uma história que não teve um final feliz. Marilyn Monroe foi encontrada morta no seu quarto em 5 de agosto de 1962, com apenas 36 anos. Ao lado dela, havia um frasco de remédio para dormir, levando à conclusão de que ela havia sofrido uma overdose – intencional ou acidental.

Existem várias teorias sobre a morte de Marilyn. Uma delas é a de que tirou a sua própria vida depois de ouvir que o presidente John Kennedy queria terminar o romance com ela. Outras teorias mais sinistras sugerem que a morte de Marilyn não teria sido um suicídio. Alguns alegam que suas conexões com a família Kennedy e com o chefe da Máfia fizeram dela uma ameaça à segurança nacional, o que levou ao seu extermínio.

No caso, havia uma irresistível combinação de fatores. Ele era adorado por sua simpatia, destemor e saudável bronzeado, mas não passava de um homem egoísta, constantemente doente e maníaco sexual. Ela era amada pela estonteante beleza, carisma e *sex appeal*, mas era uma mulher depressiva e viciada em remédios.

Durante seis anos, o maior símbolo sexual dos Estados Unidos e o senador que se tornou presidente tentaram manter em segredo um relacionamento amoroso. O caso não se tornou público por conta de precauções da imprensa, mas um farto material foi coletado pela espionagem da Máfia, FBI e da inimiga KGB. Afinal, a América vivia a insanidade da Guerra Fria, o que justificava as chantagens, manipulações, eleições compradas e dinheiro ilícito.

Mas como Kennedy conseguia governar o país é um mistério. Como vivia doente, ele funcionava adequadamente apenas algumas horas por dia, tirando uma soneca às tardes e divertidas sestas à noite. Alguém disse que JFK gastava metade do seu tempo perseguindo as mulheres e a outra metade pensando nisso. Alguns historiadores chegam a afirmar que Kennedy foi morto por um complô da Máfia, iniciado com suas relações com Marilyn Monroe.

Esse é um exemplo de que se deixar dominar pelo Poder de Afrodite pode ser arriscado não somente para os envolvidos, mas para um país inteiro. Mas que poder!

E, uma vez mais, atingiu um dos mais poderosos homens do planeta – Bill Clinton. Esse caso causou um grande furor na imprensa americana e mundial. No início de 1998, vieram a público dezessete fitas contendo confissões de Monica Lewinsky, ex-estagiária da Casa Branca, nas quais ela falava de um caso amoroso com o então presidente Bill Clinton. As revelações deixaram Clinton em uma situação complicada, já que suas explicações em relação ao escândalo não convenceram a opinião pública. O caso não era apenas de adultério. Era também de justiça, pois havia a suspeita (depois confirmada) de que Clinton teria mentido quando depôs sobre o romance e também teria encorajado Monica a fazer o mesmo. O risco de um *impeachment* era grande, e a credibilidade do presidente americano despencou.

E o que aconteceu depois? Com a frase "Eu tive um relacionamento com a senhorita Lewinsky que não foi apropriado", Bill Clinton confessou o adultério e se livrou do *impeachment.* Os processos contra o ex-presidente americano foram arquivados e, com o tempo, o caso esfriou e ele recuperou sua popularidade. Reconhecido como o presidente que comandou o período de maior prosperidade dos Estados Unidos nos últimos anos, Clinton chegou ao fim de seu segundo mandato com impressionantes 61% de aprovação (note que o público já não se incomoda mais com as consequências do Poder de Afrodite!).

Com o escândalo, Monica Lewinsky virou celebridade. Posou para capas de revistas, fez propaganda de produtos para emagrecer e acabou engordando a própria renda quando lançou uma biografia. A esposa traída, Hillary Clinton, conseguiu manter sua imagem e se elegeu senadora pelo estado de Nova York. Bill Clinton atualmente tem um escritório em Nova York e roda o mundo participando de eventos sociais e dando palestras. No início de setembro de 2001 veio ao Brasil para dar sua segunda palestra no país e faturou 150 mil dólares.

Quem disse que o Poder de Afrodite muitas vezes não muda a vida das pessoas para melhor? Nesse caso, todos saíram ganhando.

E os casos se sucedem e se repetem em manchetes diárias nos jornais, com notícias, como: "Um escândalo sexual virou do avesso a vida do golfista Tiger Woods. Tanto que o jogador decidiu se retirar do esporte por tempo indeterminado".

Bem, poderíamos recapitular neste livro centenas de outras histórias encantadoras e trágicas provocadas pelo Poder de Afrodite desde os primórdios da humanidade. Você já leu sobre os homens das cavernas, que guerreavam entre si e arrastavam pelos cabelos as mulheres que achavam mais formosas e as roubavam dos rivais vencidos, não? Esse poder é, definitivamente, muito antigo.

Mas esqueçamos esses casos com personagens históricos e celebridades políticas e vamos aterrizar nossos pensamentos no chão de fábricas e escritórios de muitas empresas.

O Poder de Afrodite nas empresas e seu impacto nas relações trabalhistas

Como o Poder de Afrodite tem atingido funcionários categorizados de empresas, sendo que elas não adotam uma política e postura de complacência e aceitação a envolvimentos amorosos inadequados no ambiente de trabalho, punindo-os com demissões sumárias ou, na melhor das hipóteses, congelando carreiras?

Como explicar, então, que, apesar desses riscos, os casos são tão comuns? Como esses funcionários categorizados se envolveram e cederam ao Poder de Afrodite e quais as repercussões organizacionais e nas relações trabalhistas das empresas?

Este livro procura responder, pelo menos em parte, a essas perguntas e fornecer um guia quase completo de cuidados que devem ter e riscos que devem assumir todos aqueles que, pelas mais variadas razões, não resistem (ou mesmo nem querem resistir!) ao Poder de Afrodite. Assim, se entregam e são dominados pelo encantamento desse poder das colegas de trabalho. Em especial, vamos procurar cobrir diversas situações em que isso ocorreu no ambiente de trabalho, com suas trágicas, embaraçosas ou até divertidas consequências.

Igualmente, este livro destina-se aos executivos, caso eles mesmos já não estejam dominados pelo Poder de

Afrodite, na tentativa de passar experiências mais comuns levantadas com base em casos reais escolhidos entre os relatos de dezenas de adoradores de Afrodite que se propuseram a colaborar com o autor e vários profissionais de Recursos Humanos.

Tenho visto adoradores de Afrodite em todos os níveis, do faxineiro ao presidente. Aliás, atire a primeira pedra quem nunca foi tentado pelo Poder de Afrodite! Adorar Afrodite não significa, necessariamente, fracasso profissional. Posso afirmar que dezenas de adoradores galgaram carreiras para níveis mais elevados nas empresas. E lá continuam até hoje, adorando Afrodite. Que vençam os mais discretos!

As suas oportunidades de ascensão profissional ou de manter uma situação de estabilidade no emprego por um longo período dependerão de como você controlar sua discrição e comportamento na arte de dominar a atração por Afrodite, caso decida não resistir a esse poder, se inapropriado.

Você pode optar por adorar Afrodite platonicamente, a distância, ou aproveitar as inúmeras oportunidades que o ambiente de trabalho lhe dá para adorar Afrodite de forma mais efetiva, sem ser percebido (você que pensa!). Entretanto, em muitos casos, há um preço alto a ser pago...

Com relação à manutenção do sigilo e máxima discrição, eu pude identificar cinco situações:

- Aqueles que conseguiram adorar Afrodite por um longo período, mantendo um "segredo de túmulo". Alguns desses adoradores foram descobertos somente após a morte ou tempos depois de sua saída da empresa.
- Outros que vinham nessa linha de "segredo de túmulo" até que ela (ou ele!) contou para a sua melhor amiga, aquela em que mais confiava no ambiente de trabalho. Aí, você já sabe o que aconteceu!

- Uns que pensam estar mantendo segredo e discrição, mas dão bandeira o tempo todo pelos olhares de peixe morto e não conseguem ficar longe por muito tempo da colega de trabalho que detém o Poder de Afrodite. Aí, a fofoca se espalha até chegar aos seus chefes.
- Outros procuram manter segredo e discrição, mas, acidentalmente, são vistos entrando em um motel, flagrados em uma viagem ou jantando à luz de velas em um restaurante caro, por outro funcionário da empresa. E este não vê a hora de chegar o expediente de trabalho do dia seguinte para espalhar a novidade.
- E há os casos daqueles que são dominados loucamente pelo Poder de Afrodite e se lançam à aventura, cegos às consequências que logo advirão. Nem se preocupam em manter discrição ou esconder sua adoração. Esses casos têm vida curta nas empresas, e tendem a acontecer com os adoradores de Afrodite principiantes e sem experiência.

Um fato interessante: muitas empresas se preocupam mais com os adoradores de Afrodite entre os gestores e executivos da organização. E isso é perfeitamente compreensível. Quando um gestor ou executivo sucumbe ao Poder de Afrodite, as consequências para as relações trabalhistas se estendem a toda a empresa e os problemas são mais difíceis de solucionar, uma vez que envolvem pessoas com alto nível hierárquico na organização, responsáveis por resultados de muitos milhões de dólares e, não raras vezes, detentoras de conhecimentos tecnológicos de importância estratégica para a empresa. Isso para não falar do mau exemplo a todo o quadro de pessoal, a repercussão para a imagem institucional da empresa, a quebra de valores éticos em alto nível. Enfim, cuidam mais porque o exemplo deve vir de cima.

Apesar de a política de não aceitação se aplicar a todos os funcionários, essas empresas pouco fazem quando os adoradores de Afrodite são funcionários de níveis mais baixos na hierarquia da empresa. Assim, eles enfrentam os problemas normais da dureza da vida por receberem salários baixos. Em compensação, podem se dedicar à adoração de Afrodite no ambiente de trabalho, como forma de compensação, sem serem muito molestados. Se o embalador casado sucumbir ao Poder de Afrodite da embaladora e embalar com ela uma aventura amorosa no ambiente de trabalho, "who cares" no topo da organização?

Outro fato mais interessante, e que deve ser mais bem explicado pelos psicólogos e psicanalistas, é que as mulheres no ambiente de trabalho, digamos algumas mulheres, sentem uma atração muito forte pelos homens de comando da empresa.

Eu não sei se por trás dessa atração está o interesse por uma carreira melhor ou reconhecimento profissional, a segurança no trabalho, a admiração por homens de sucesso, obtenção de vantagens, busca de prestígio pessoal, o instinto natural feminino por proteção. Eu não saberia dar maiores fundamentos. Entretanto, posso afirmar que existe, sim, essa atração muito forte da parte de algumas mulheres no ambiente de trabalho pelos homens de comando das empresas e, não raras vezes, elas manifestam todo o seu Poder de Afrodite para atraí-los. Essa é uma das grandes "armadilhas" que são montadas.

E como explicar que, apesar de normas e políticas rigorosas de valores morais e de conduta ética, além dos riscos fatais para a carreira, os casos de adoradores de Afrodite sejam comuns nos ambientes de trabalho? Bem, existem algumas razões óbvias: a convivência por muitas horas entre os colegas de trabalho, os interesses profissionais individuais, o melhor entrosamento das pessoas pela proximidade física natural, a necessidade de encontrar motivações adicionais para o trabalho diário, a busca por alívio das tensões crescentes em busca de resultados para as empresas e mesmo por puro prazer. Além disso, o "amor" em casa já vem com os problemas e, no caso do "amor" no trabalho, os problemas surgem somente depois. Acrescente-se que, quando os maridos chegam em casa, muitas esposas os recebem friamente e com uma lista enorme dos problemas chatos de sempre que eles têm que ouvir antes do banho. No ambiente de trabalho, ao contrário, eles recebem mais sorrisos, atenção e carinho das funcionárias, por razões óbvias. Aí começa o perigo e tem início uma atração inapropriada pelo Poder de Afrodite.

Todos os seguidores e adoradores de Afrodite que exerçam cargos de comando devem ter plena consciência de que seus atos podem ser enquadrados como crime de assédio sexual, assim definido: "Constranger alguém com o intuito de obter vantagem ou favorecimento sexual, prevalecendo-se o agente da sua condição de superior hierárquico ou ascendência inerentes ao exercício de emprego, cargo ou função". Na comprovação, sujeitam-se a penas de um a dois anos de prisão, além de outras implicações trabalhistas e civis, como dispensa por justa causa e indenização por danos morais.

Do alto do seu reino, Afrodite ri e zomba dessas tentativas dos mortais em quererem diminuir o seu poder, como se dissesse: "Ah! Como esses humanos são ingênuos! Quando eles vão aceitar e se convencer de que nada, absolutamente nada, nenhuma lei, nenhuma norma ou regulamento, vai deter o meu poder?".

De qualquer forma, as empresas deveriam tratar esse assunto não como um tabu, mas, sim, de forma aberta e franca. Normalmente, as políticas formais não cobrem esse tema, deixando-o implícito nos princípios e valores morais e no código de conduta ética. Entretanto, seria mais efetivo um posicionamento claro sobre a política da empresa quanto a envolvimentos amorosos e assédio sexual no ambiente de trabalho, informando, inclusive, os riscos reais quanto à segurança no emprego e comprometimento da carreira, em especial para dirigentes e gestores. Quem sabe isso poderia prevenir vários casos (será?).

Mas, na verdade, nenhuma política de empresa ou lei parece intimidar os verdadeiros adoradores de Afrodite. O seu poder continua crescendo nas empresas e seus seguidores têm desenvolvido novas estratégias e comportamentos para assegurar o segredo total (ledo engano!). Eu acredito que uma parcela importante dos problemas conjugais e as causas das rupturas dos laços matrimoniais têm origem nessa fanática e frenética adoração e submissão ao Poder de Afrodite no ambiente de trabalho. Assim, esse é um problema que envolve toda a sociedade.

Há uma teoria que afirma: "O homem, como animal mamífero, tem o instinto poligâmico e, por condicionamento social (educação, valores culturais, religião, leis, costumes), ele é monogâmico. Mas o Poder de Afrodite o abala e seduz exatamente em seu instinto natural, dominado e tolhido pelo condicionamento social".

Muito provavelmente essa teoria foi formulada por um inveterado adorador e seguidor de Afrodite! Entretanto, alinhando-se com essa teoria, está o fato de que 90% ou mais dos casos de atração do Poder de Afrodite no ambiente de trabalho se relacionaram com mulheres que eram espetaculares exemplares da espécie, em termos de beleza física. Uma pequena parcela dos homens se sentiu atraída pela cultura, inteligência, nível de educação, valores, compatibilidade espiritual, pelo menos nos casos de que tomei conhecimento, direta ou indiretamente. Isso pode ser uma prova de que o Poder de Afrodite no trabalho ataca no ponto mais fraco do homem, o instinto animal poligâmico. Mas isso não quer dizer que os homens monogâmicos por condicionamento social estejam totalmente imunes ao Poder de Afrodite. Não são raros os casos de homens "a toda prova de Afrodite" que são vencidos por esse grande poder.

Esses mesmos defensores do "instinto natural dos mamíferos" pela poligamia dão uma explicação para o fato de a maioria dos homens se sentirem fortemente atraídos, admirarem, gostarem, perseguirem e tentarem conquistar mulheres de seios fartos e bumbum grande: o puro e involuntário estímulo gerado pelo instinto de sobrevivência e perpetuação da espécie! Eles acreditam que essas mulheres são boas procriadoras (parideiras) e boas amamentadoras de seus rebentos. (Mas cada teoria esses adoradores de Afrodite formulam para se justificar!)

Portanto, aprenda com as lições básicas implícitas nos casos que vamos repassar a seguir e cuide-se! Eles são baseados em fatos absolutamente verdadeiros que, aliás, você não terá nenhuma dificuldade de identificar em sua empresa.

Cada caso mencionado demonstra os erros dos que sucumbiram ao Poder de Afrodite no ambiente de trabalho quanto ao segredo e discrição, as consequências para as empresas e os problemas gerados para as boas relações trabalhistas. Obviamente, os nomes dos personagens são fictícios, visando a preservação da privacidade.

Naturalmente, você poderia citar muitos outros exemplos que conheceu ou vivenciou pessoalmente nas empresas onde trabalhou. Alguns poderiam, inclusive, citar os prejuízos que tiveram em sua carreira e em seus rendimentos provocados pelos adoradores de Afrodite e as implicações disso nas relações trabalhistas. Mas, infelizmente, não é esse o foco deste trabalho.

Este livro não está, igualmente, considerando os muitos casos de adoração a Afrodite que ocorrem no ambiente de trabalho de forma pontual e passageira, por não serem objeto da presente antologia ao Poder de Afrodite. Esses casos ocorrem com muita frequência e têm como cenário os happy hours, as festas internas e externas, os eventos sociais, as convenções de vendas, os seminários e cursos de treinamento, as reuniões especiais para comemorar ou comunicar grandes eventos.

Eles se limitam a um momento único e especial de dominação do Poder de Afrodite, e geralmente não se repetem e não se tornam casos duradouros com implicações nas relações trabalhistas e impactos domésticos importantes. A vela acesa à deusa Afrodite mal queima o pavio. São aqueles casos em que os adoradores de Afrodite, no dia seguinte, se perguntam: "Meu Deus, o que eu fui fazer?", "Como vou olhar para ela hoje?", "Que rolo isso vai dar?", "Será que ela vai manter o segredo?". E, como sempre acontece, alguém vê ou flagra o caso ou o segredo não é mantido. Entretanto, as consequências são apenas boatos e fofocas que se espalham no ambiente de trabalho e que, geralmente, são esquecidos. O ambiente tende a ficar atento aos casos que se repetem e esquece os casos únicos e pontuais.

Bem, vamos conhecer alguns poucos casos, entre as centenas deles que acontecem diariamente nos ambientes de trabalho das empresas deste imenso Brasil.

Caso 1

Personagens
Armando – Gerente de controladoria
Sônia – Assistente de contabilidade

Armando era um experiente e maduro executivo, ocupando o cargo de gerente de controladoria de uma grande multinacional europeia. Casado, 48 anos, excelente profissional e um dos homens de confiança da diretoria da empresa. Em função da natureza de seu cargo, Armando tinha um intenso relacionamento profissional com a cúpula da empresa, uma vez que participava das reuniões do comitê executivo para apresentação do balanço trimestral e resultados operacionais. Afinal de contas, já completara vinte anos na mesma companhia e era o sucessor natural do diretor de finanças, que estava prestes a se aposentar.

Sônia era uma jovem solteira, muito bonita, loira, de olhos azuis, um corpo escultural, que fora contratada como estagiária quando fazia o curso técnico de contabilidade e, posteriormente, fora efetivada como assistente de contabilidade, reportando-se ao chefe de contabilidade geral que, por sua vez, se reportava a Armando.

Armando, homem sério e compenetrado em seu trabalho, começava o dia bem cedo na empresa. Como ele morava muito longe do local de trabalho, preferia chegar à empresa logo nas primeiras horas do dia (algumas vezes até às 6 horas da manhã).

Ele via vantagens nisso por se livrar do trânsito e adiantar o seu expediente de trabalho. De sua sala comandava todo o seu departamento, preparando aqueles cansativos e detalhados relatórios contábeis e financeiros para apresentar à diretoria.

Essa rotina ora o estressava, ora o deixava apático e cansado, com pouca motivação para a vida. Após cada expediente, dirigia-se para sua casa, onde três filhos e mulher o esperavam, com todo aquele carinho e amor, mas também com todos aqueles problemas de família que precisavam de sua orientação e decisão.

Mas algo começou a chamar a atenção de Armando. A jovem loira bonita de olhos azuis e corpo escultural que passou a trabalhar bem perto de sua sala, logo após a efetivação. Armando já não conseguia se concentrar somente em seu trabalho e, muito discretamente, acompanhava o andar de Sônia de lá para cá, levando documentos, abaixando-se para pegar pastas nos arquivos. Não demorou muito para Sônia perceber esses olhares tímidos e discretos do gerente responsável pelo departamento. E ela procurava responder a essa atenção especial de Armando com um sorriso e um olhar azul direto aos seus olhos, cansados ou estressados.

Os dias seguintes para Armando não seriam mais os mesmos. Ele começou a encontrar outra motivação e alegria por mais um dia de trabalho. Estava mais risonho e confiante, o trabalho parecia não lhe pesar tanto como antes. Os olhares sobre Sônia se intensificaram e os sorrisos de reciprocidade dela também.

Armando hesitava em uma abordagem mais direta com Sônia. Afinal de contas, ele era casado e 25 anos mais velho. Naturalmente, concluía que era uma simpatia profissional natural que Sônia demonstrava por ele.

Porém, seu coração não dizia o mesmo. Ele acelerava cada vez que via a moça e já não se incomodava se os demais funcionários do departamento o flagravam acompanhando com o olhar seus movimentos no escritório.

De vez em quando, Armando perguntava ao chefe de contabilidade geral sobre Sônia. Procurava saber sobre seu desempenho, suas aspirações profissionais, onde morava e com quem e, com muito cuidado, se tinha namorado.

Armando começou a se perder no Poder de Afrodite e a desejar Sônia para si. Quando ela faltava por algum motivo, era visível seu desconforto. Ele incessantemente perguntava ao chefe da moça se ela tinha ligado, o que tinha acontecido, se era esperado que viesse no dia seguinte. O chefe de contabilidade geral começou a estranhar o interesse muito especial de Armando por Sônia. Mas, como sempre acontece, proibiu seu cérebro de fazer maiores elucubrações. Afinal de contas, não queria problemas com Armando.

E Armando procurou uma promoção para Sônia que a colocasse se reportando diretamente a ele, não tendo dificuldades de convencer o diretor de finanças de que precisava de uma coordenadora de informações gerenciais.

Se Sônia se mostrava simpática e sorridente para Armando, após essa promoção ela também começou a vê-lo como homem e a desejá-lo para si. O clima estava irremediavelmente criado. Faltava, agora, somente a primeira oportunidade de um entendimento mais direto entre os dois. E essa oportunidade surgiu nas comemorações de final de ano, quando Armando, pela primeira vez, se interessou em participar do jantar de confraternização de Natal dos funcionários do departamento e, naturalmente, com a presença de Sônia. Conversas sociais dali, abracinhos daqui, aperitivos de acolá, Armando e Sônia sentiram o prazer de estar sentados juntos pela primeira vez e gostaram muito disso. No final do jantar, Armando se ofereceu para levar Sônia à sua casa. Ela concordou. Não se incomodaram com a troca de olhares de seus desconfiados, porém prudentes, funcionários presentes ao jantar.

Assim tudo começou, e o relacionamento de fato se consumou. Ambos passaram a viver um tórrido e constante romance. Armando mudou. Passou a usar roupas mais modernas, comprou camisas, ternos e gravatas de grife. Demonstrava jovialidade e felicidade por todos os poros. Vivia momentos de plena felicidade e realização.

No início Armando até procurou afastar seus olhares de Sônia e mantinha a maior discrição possível. Não poderia jogar tudo fora agora que tinha Sônia e uma carreira a zelar. Mas, como marinheiro de primeira viagem, cego de amor em plena maturidade, totalmente dominado e adorador do Poder de Afrodite, Armando foi se descuidando e Sônia, por sua vez, também não se preocupava. Afinal de contas, ela tinha o gerente responsável pelo departamento para protegê-la de qualquer situação.

Assim, Armando se descuidou e foi, finalmente, visto por um funcionário da empresa entrando com seu carro, ao lado de Sônia, em um motel não muito longe do escritório.

No dia seguinte, a notícia se espalhou pela empresa, mas levou algumas boas semanas até o diretor de finanças tomar conhecimento desse constrangedor caso em sua área.

Alheios a isso, cegos e dominados, Armando e Sônia não se davam conta do que estava acontecendo à sua volta, até que, um dia, Armando foi chamado à sala de seu diretor para uma conversa. A princípio pensou se tratar de mais uma reunião de trabalho a que estava acostumado. Porém, o semblante sério de seu diretor e o fechamento da porta o colocaram em alerta.

O diretor de finanças foi direto ao assunto, deixando bem claro a Armando que sabia dos acontecimentos e que a política da empresa não tolerava essa situação. Em seguida, entrou na sala o diretor de recursos humanos e, juntos, comunicaram a decisão: a empresa consideraria um perdão a Armando pelos vinte anos de casa e pelo seu extraordinário desempenho. Entretanto, Sônia deveria sair, caso não aceitasse uma transferência para uma vaga aberta na filial do Rio de Janeiro da empresa. E disseram mais: "Armando, esse caso tem que ter um final imediatamente. Caso contrário, teremos que demiti-lo da empresa!".

Armando pouco falou. Agradeceu a compreensão, procurou dar algumas explicações pouco convincentes e prometeu dar fim ao seu caso com Sônia, quer ela saísse da empresa, quer aceitasse a transferência para o Rio de Janeiro.

Sônia aceitou a transferência e assumiu a posição de coordenadora administrativa da filial do Rio de Janeiro, mudando-se alguns dias depois.

Passaram-se alguns meses. O tormento de Armando era notório. Ele se apresentava visivelmente desesperado. Tinha perdido a graça e sua motivação principal no trabalho, mas entendia que deveria se resignar. Tinha família e uma carreira na empresa.

Sônia, igualmente, sentia-se muito só no Rio de Janeiro e com saudades de Armando.

Os dois começaram a se comunicar por escrito, via carta, para evitar e-mails. Era uma forma de matarem as saudades e acompanharem o que cada um fazia na vida e como estavam contornando a situação.

Na empresa, a situação se aquietou, até que...

Uma carta de Sônia dirigida a Armando foi aberta por engano pelo setor de serviços gerais. E foi um escândalo, levado imediatamente ao conhecimento do diretor de recursos humanos. A carta, com declarações de amor e saudades, veio acompanhada de uma foto em que Sônia aparecia totalmente nua em uma cama, com os dizeres: "Para você matar as saudades!".

O diretor de recursos humanos pegou a correspondência de Sônia e sua foto nua, bem como outra carta fechada de Armando para ela que estava prestes a ser despachada.

Armando foi chamado à sala do diretor, que lhe disse simplesmente: "Armando, esta carta da Sônia dirigida a você foi aberta por engano e fomos surpreendidos com esta foto. E encontramos esta outra carta sua dirigida a ela que não foi despachada. Eu vou te perguntar o seguinte: você quer pedir demissão ou quer que eu abra sua carta?".

Armando ficou pálido, suava e respirava fundo. Pegando sua carta de volta, disse tristemente: "Eu peço minha demissão".

Sônia foi desligada no mesmo dia e a empresa optou por não dar maiores justificativas. Afinal de contas, sua correspondência havia sido violada. A diretoria decidiu, igualmente, que a punição maior deveria ser dada a um gestor da empresa.

Não houve na empresa quem não tenha sentido profundamente a saída do antigo companheiro Armando. Ele era o que se poderia chamar de um verdadeiro "chefe de família".

Caso 2

Personagens
Dr. Silveira – Diretor superintendente
Cecília – Secretária executiva

Dr. Silveira, engenheiro, casado, 56 anos, com três filhos universitários, era um executivo bem-sucedido, tendo chegado ao topo da pirâmide hierárquica como diretor superintendente de uma multinacional americana, posteriormente nacionalizada sob o controle acionário do próprio Dr. Silveira. A empresa desistira dos negócios no Brasil e decidiu vendê-la aos próprios diretores, mantendo a marca e a linha de produtos.

Cecília, sua secretária, era desquitada, 40 anos de idade, conservava uma juventude e sensualidade de solteira casadoira. Ela não era do tipo mulher fatal ou de beleza estonteante. Era discreta, falava baixo, andava com muita elegância, tinha atitudes muito carinhosas com todos e, em especial, com o Dr. Silveira. Esse jeitinho a tornava uma mulher sensual.

Dr. Silveira era um homem extremamente sério e formal, exigindo disciplina militar de todos os seus comandados. Seus olhos, porém, demonstravam que, atrás desse comportamento rígido, se escondia um homem extremamente afetuoso. Obcecado pelo trabalho, Dr. Silveira mantinha a maior jornada de trabalho da fábrica, sem contar as três horas de trânsito que perdia de manhã e à tarde no trajeto entre sua residência e a empresa. Ouvia-se pelos escritórios que o Dr. Silveira era um homem infeliz no casamento. Ouvia-se, até, que o casamento era de aparência já havia algum tempo. Todos esses elementos convergiam para uma fusão de interesses recíprocos entre o Dr. Silveira e Cecília.

E isso não tardou a acontecer. Porém, a discrição de ambos tornava o romance algo absolutamente secreto. Apenas alguns vestígios de reações diferentes evidenciavam que a atração fatal pelo Poder de Afrodite começava a acontecer.

E as transformações de humor do Dr. Silveira eram notadas e comentadas por todos. Ele passou a ser mais social, sorria com mais facilidade, perdia o ar sério demais. O Poder de Afrodite tem esta força – a de transformar o homem em um ser melhor, com maior autoestima e motivação para viver.

O tempo passou. O Dr. Silveira decidiu morar em uma casa mais próxima da fábrica. Livrar-se-ia, assim, do maldito trânsito diário, ganhando preciosas três horas. Cecília saiu da empresa e se mudou para o mesmo bairro em que ficava a casa do Dr. Silveira. Essa estratégia de convivência entre os dois não fora sentida no ambiente de trabalho. Talvez um ou outro funcionário mais próximo e de confiança do Dr. Silveira soubesse disso.

Entretanto, a esposa do Dr. Silveira não engoliu essa história de outra casa para morar perto do trabalho, sob o argumento de se livrar do trânsito, e resolveu investigar. Em outras ocasiões, o casal chegara a conversar sobre um eventual processo de separação amigável, e os muitos anos de casamento permitiam um entendimento relativamente bom para que o processo fluísse da melhor forma possível. Isso até a esposa do Dr. Silveira desconfiar e ficar sabendo das relações dele com Cecília – e o que vinha sendo discutido de forma muito amistosa e em alto nível se transformou em um processo litigioso em que os fatores ódio e vingança se fizeram presentes da parte da ex-esposa.

Esse é um fato interessante em algumas separações. Não raras vezes, quando a ex-esposa conhece "a outra" ela se transforma, principalmente se for mais bonita e mais jovem! E foi isso que aconteceu. A esposa, movida por sensações negativas que o caso do Dr. Silveira e Cecília lhe despertava, partiu para um processo de divórcio litigioso que não tinha somente o objetivo de uma partilha de bens justa e equitativa, mas de prejudicar e destruir o Dr. Silveira e sua nova companheira.

O processo se arrastou por anos e envolveu disputas de bens particulares e as ações da empresa, o que foi fatal para o negócio. Depois de concluído o processo, a ex vendeu sua parte nas ações para outro sócio que passou a ser majoritário. O mundo do Dr. Silveira ruiu. A empresa, no controle do outro sócio majoritário e sem o talento empresarial do Dr. Silveira, em poucos anos faliu, sem pagar fornecedores nem funcionários.

O Poder de Afrodite, neste caso, foi arrasador, até certo ponto.

Pouco se ouviu falar do Dr. Silveira e de Cecília. Mas contaram alguns que os conhecem que eles estavam felizes e em paz – afinal de contas, trocar uma fábrica com inúmeros problemas e uma família chata e vingativa pelo Poder de Afrodite talvez tenha sido um bom negócio para ambos.

Caso 3

Personagens
Tomás – Gerente de embalagem
Alberta – Auxiliar de embalagem

Tomás era gerente de embalagem de uma multinacional americana de produtos de consumo popular, um cargo de grande importância, uma vez que se constituía no fator-chave do faturamento da empresa. Assim, as atenções gerais da administração se concentravam no desempenho de Tomás.

Tomás era considerado competente, porém, suas atitudes imaturas às vezes o colocavam em situações de confronto com a empresa, em especial com o diretor de recursos humanos.

De bonito porte físico, gaúcho orgulhoso e altivo, 42 anos, Tomás era conhecido como um grande namorador, apesar de casado, e havia denúncias de que ele favorecia as moças da embalagem que fossem "simpáticas" para ele.

Porém, provas de que isso realmente estivesse acontecendo a empresa não tinha. Era aquela típica situação em que todos sabem o que está acontecendo, porém não havia testemunhas nem uma prova concreta. Isso deixava o diretor de recursos humanos, homem de grande disciplina, muito irado e, ao mesmo tempo, desafiado a uma constante vigilância com relação às atitudes de Tomás.

Tomás se entregava, assim, aos encantos de Afrodite com relativa tranquilidade e confiança. Entretanto, como diz o ditado, "o uso constante do cachimbo faz a boca torta". O atrevimento de Tomás ficava cada vez maior e ele arriscava prestígio pessoal, profissional e um bom emprego, um raro emprego, pelo Poder de Afrodite.

Não se podia negar que Tomás era um homem que irradiava alegria e felicidade; ele não era visto estressado e preocupado.

Assim, gerenciava sem problemas um setor de embalagem com centenas de moças, as quais ele via como seu potencial harém. Às vezes os funcionários se perguntavam no ambiente de trabalho de onde vinha tanta motivação e alegria pelo trabalho.

Mas quis o destino que Tomás enfrentasse o seu risco profissional. Em um sábado de trabalho extraordinário, a equipe de faxina realizava os seus trabalhos normais nas seções onde não havia expediente. E foi aí que aconteceu: um faxineiro, ao entrar silenciosamente no setor de Controle de Produção, todo às escuras, ouviu barulho em uma das salas que estava com a porta fechada e, ao abri-la, teve uma grande surpresa – lá estavam Tomás e Alberta na ação suprema de Afrodite, que foi imediatamente interrompida com a presença do faxineiro.

Tomás e Alberta se levantaram, ela saiu rapidamente, após se recompor, e Tomás chamou o faxineiro a um canto e o ameaçou: "Você não viu nada! Se falar alguma coisa, você está fora da empresa!". O faxineiro, amparado por muitos anos de um bom trabalho, não hesitou em levar o caso ao conhecimento do diretor de recursos humanos. Além do mais, o Setor de Limpeza fazia parte do Departamento de Recursos Humanos.

Era tudo de que o diretor de recursos humanos precisava para enquadrar Tomás e encerrar o seu período como "o homem da embalagem da empresa".

Muitos sentiram a saída do gerente, que deixou para trás um bom emprego, uma boa carreira, uma grande empresa. E, diga-se de passagem, o Setor de Embalagem levou muito tempo para repetir o nível de produção e desempenho alcançado no tempo de Tomás, uma prova de que o Poder de Afrodite não necessariamente prejudica o bom andamento dos serviços.

Alberta permaneceu na empresa e, de certa forma, se sentia prestigiada e valorizada pelo encanto que provocara em Tomás, mas procurou tocar sua vida simples como sempre fora e esquecer o assunto.

Caso 4

Personagens
Alberto – Diretor de marketing
Marcos – Gerente de pesquisa de mercado
Sofia – Secretária bilíngue

Alberto e Marcos eram colegas de trabalho e se transformaram em grandes amigos desde o tempo em que eram vendedores. Ambos seguiram a carreira na área de marketing na empresa, uma multinacional europeia, e possuíam muitos anos de casa. Alberto chegou ao posto máximo da Divisão de Marketing e Vendas da subsidiária brasileira, como diretor. Marcos ocupava o importante e estratégico cargo de gerente de pesquisa de mercado. Ambos eram casados e muitos diziam que suas esposas eram muito bonitas.

A vida profissional de ambos seguia na normalidade, com os desafios de sempre – vender, gerar resultados para a empresa, aumentar a participação no mercado, lançar novos produtos, aumentar o retorno sobre o capital aplicado, entre outras atribuições de executivos importantes.

Porém, um dia, algo aconteceu que veio perturbar essa normalidade. A vaga de secretária bilíngue do gerente de pesquisa de mercado foi preenchida por uma candidata que, logo nos primeiros dias de contratação, arrasou os corações masculinos na empresa e despertou a competição interna feminina: Sofia.

Como eu poderia descrever Sofia? Bem, poderíamos falar que era um raro exemplar de mulher, daquelas que parecem ter sido fabricadas no torno. Sofia era toda torneada com perfeição – as pernas, a cintura, os seios, os ombros, o rosto, enfim, tudo! Solteira, morena, jovem. Entretanto, o gerente de pesquisa de mercado disse que a seleção for a absolutamente profissional. (E deve ter sido mesmo!)

Sofia tinha um currículo invejável. Formada em curso superior de secretariado, inglês e francês fluentes, aprimoramento do idioma no exterior, boas empresas anteriores e ótimas referências. Além disso, conhecia muito bem informática, era organizada e dedicada. Parece que sua beleza não tinha afetado sua disposição para se desenvolver profissionalmente.

Imediatamente, os colegas de trabalho lhe deram o apelido de “transatlântico”, ou seja, ela não era apenas um simples “navio”.

Nossa dupla dinâmica, Alberto e Marcos, não tinha esquecido suas origens de vendedores. Vendedores têm a fama de serem admiradores e seguidores de Afrodite e chegam a ser insistentes nesse aspecto. Não demorou muito para ambos perceberem um som novo e diferente no escritório, provocado pela passagem do “transatlântico” procurando desempenhar suas várias atividades na empresa. Esses dois executivos não gozavam de grandes conceitos no ambiente de trabalho com relação ao seu ponto fraco, o de se subjugarem ao Poder de Afrodite com relativa facilidade. Mas, por outro lado, eram duas pessoas extremamente queridas e admiradas, vitoriosas e muito capazes profissionalmente.

Os funcionários contavam os feitos dessa dupla, e a associação de dois cargos importantes, um se reportando ao outro e um dando cobertura ao outro, facilitava, quase que irrestritamente, o acesso a Afrodite. E os dois não se poupavam em se vangloriar de suas conquistas em suas várias fases da vida, uma vez que era uma amizade que já se mantinha por mais de vinte anos. Nos jantares executivos ou intervalos de reuniões de negócios se ouviam, em várias oportunidades, os relatos de conquistas em comum.

“Lembra-se, Marcos, daquela vez em que dormimos no quarto de hotel com duas vendedoras e perdemos o horário para o curso de técnicas de vendas?”, ria e perguntava Alberto.

Mas Marcos e Alberto estavam passando por uma fase tranquila nesse aspecto. Não somente pelo fato de estarem com 48 e 57 anos, respectivamente, mas também devido aos problemas da empresa, que exigiam grandes esforços e provocavam muito estresse.

O "transatlântico", porém, começou a perturbar a tranquilidade dos dois amigos executivos. Na verdade, não dava para um "homem normal" ficar indiferente a Sofia. De sua parte, Sofia procurava ser sorridente e simpática quando cruzava com eles pelo escritório.

Após alguns meses de casa e alguns "cruzeiros de luxúria" que passavam pela mente dos dois, Sofia passou a fazer parte do desejo de consumo de Marcos e Alberto. Uma oportunidade surgiu e o Poder de Afrodite se apresentou de forma absolutamente surpreendente e inusitada, quase inacreditável!

Haveria em São José dos Campos uma Convenção Nacional de Vendas e a presença de Marcos e Alberto fazia parte da programação importante do evento. Alberto sugeriu a Marcos que levasse Sofia ao evento com o objetivo de dar uma cobertura de secretaria, recepcionar os participantes, indicar locais da reunião, coordenar o serviço de café e lanches nos intervalos, anotar recados e fazer ligações telefônicas.

Nada de errado quanto a isso, e Sofia teve um desempenho simplesmente espetacular, além de brindar os participantes com sua beleza.

Alberto e Marcos tiveram, assim, a oportunidade de muitos contatos com Sofia durante os três dias do evento e de consolidar uma amizade, uma informalidade e certa intimidade.

No caminho de volta para São Paulo, após o jantar de encerramento da convenção, ainda sob o efeito de bons vinhos, Marcos, Alberto e Sofia estavam no mesmo carro, o de Marcos. Após insinuações daqui e assédios dali, Sofia acabou "concordando". Sob o olhar já acostumado do porteiro de um motel, que nada mais estranhava e já tinha visto de tudo, os três alugaram uma suíte e o momento supremo de Afrodite se consumou entre os três

Os dias seguintes foram terríveis para Marcos e Alberto. Eles se fecharam em suas salas e evitaram sair, talvez se indagando: "Como olhar para Sofia? Qual será sua reação?".

Sofia, por sua vez, também estava assustada e se concentrou em seu trabalho, pouco conversando e evitando sair, também se perguntando: "Será que não vou ser mandada embora?".

Após alguns dias, Sofia resolveu tomar a iniciativa e procurou os dois "comandantes do transatlântico", tranquilizando-os: "Olha, eu posso imaginar o que vocês estão sentindo e vocês podem imaginar o que eu estou sentindo após aquela loucura. Mas eu gostaria de falar que, de minha parte, ninguém ouvirá nada a respeito. E espero que eu não seja prejudicada por vocês no meu trabalho!". Os dois amigos se sentiram mais seguros e, aos poucos, tudo voltou ao normal. Passaram a evitar o "hobby" de assistir às manobras marítimas do "transatlântico" pelos corredores do escritório. Sofia, por sua vez, se comportava como se nada tivesse acontecido.

Não passou muito tempo e Sofia recebeu um aumento de mérito por iniciativa de Marcos e sugestão de Alberto. Decorridos mais seis meses, outro aumento de mérito a posicionava no teto da faixa, já acima de algumas secretárias bilíngues mais antigas.

Certa ocasião, Sofia procurou seu chefe, o gerente de pesquisa de mercado, dizendo que gostaria de ter o cargo de secretária executiva. Ele respondeu que isso não seria possível, uma vez que o cargo era prerrogativa das secretárias de diretoria, e ela era uma secretária de gerência. Ela insistiu e o aconselhou a levar o caso para Marcos decidir.

Reconhecendo os "elevados méritos profissionais" de Sofia, o "grande desempenho no trabalho" e seu potencial plenamente desenvolvido para ocupar na primeira oportunidade uma função de secretária de diretoria, Sofia foi promovida a secretária executiva, com exceção especial aprovada por Alberto.

Muitas secretárias bilíngues estranharam e ficaram frustradas com esse tratamento diferente para Sofia. Mas, como as fofocas já se espalhavam pelo ambiente de trabalho, elas procuraram "compreender" a situação. Quem ousaria desafiar e enfrentar o diretor de marketing, muito conceituado perante o diretor-presidente? Ninguém!

Passados alguns meses, Sofia recebeu uma ligação de uma empresa do mesmo ramo de atividade oferecendo-lhe uma excelente oportunidade profissional para ser secretária executiva bilíngue de um vice-presidente. O salário era maior, o cargo era maior, ela aceitou. O que Sofia nunca soube é que Alberto era muito amigo do diretor de marketing da outra empresa e lhe pediu que arrumasse uma oportunidade para Sofia, não somente pelos seus méritos profissionais, que eram inegáveis, mas por questões de "incompatibilidades incontornáveis" com algumas pessoas-chave na empresa.

E aconteceu alguma coisa com nossa dupla dinâmica? Não. Esse foi um exemplo de que, em muitas situações, nada acontece com os adoradores de Afrodite. Em nenhum momento tiveram suas carreiras ameaçadas ou prejudicadas por isso. Nunca isso foi comentado com níveis superiores.

Com a promoção do diretor-presidente para um alto cargo na matriz no exterior, Alberto foi promovido para o cargo de diretor-presidente da subsidiária brasileira e Marcos para diretor de marketing, substituindo o amigo.

Sofia, por sua vez, levou seu "transatlântico" para outros "portos" e, até onde se sabe, foi sempre uma excelente funcionária.

Caso 5

Personagens
Senhor Fritz – Gerente de produção
Sandra, Arlete, Sueli, Laura e Viviane – Monitoras de linha de produção
Selma – Auxiliar de produção

Em uma tarde, Selma procurou a assistente social da empresa, muito nervosa e chorando. Queria expor uma situação muito grave envolvendo o gerente de produção de um produto alimentício de grande consumo popular, senhor Fritz. A empresa era uma grande multinacional americana com amplas operações internacionais. O senhor Fritz era suíço, 63 anos, casado, estava no Brasil na condição de "expatriado", ou seja, um estrangeiro transferido de seu país de origem para assumir uma responsabilidade em outro país, temporária ou permanentemente.

A razão para essa transferência era o fato de que o senhor Fritz era, reconhecidamente, um especialista na produção desse produto alimentício específico, um profissional não encontrado no mercado de trabalho brasileiro.

O senhor Fritz era um homem grande, obeso, calvo, com uma barriga enorme, e tinha uma atenção muito especial pelas funcionárias da produção, principalmente as mais novas, bonitas e de bons dotes físicos.

Assim, o senhor Fritz reinava todo-poderoso na fábrica desse produto muito importante para os resultados da empresa, por estar nessa condição de "expatriado" e por ser um especialista. Sentia uma segurança total no emprego.

Selma, mais calma, confidenciou à assistente social que o senhor Fritz a chamara em sua sala para conversar sobre sua eventual promoção ao cargo de monitora de linha, em que seria responsável pela coordenação de um grupo de auxiliares de produção, quase uma supervisora. Selma reconheceu que, no início, se entusiasmou muito com a ideia, afinal de contas, ganharia um aumento de salário e seria promovida a um cargo de maior responsabilidade e com possibilidade de carreira.

Selma silenciou por alguns minutos e continuou a conversa com a assistente social: "Quando eu agradeci o reconhecimento do senhor Fritz pelo meu trabalho e dedicação, recebi uma proposta indecente dele!". O senhor Fritz deixou claro para Selma que havia uma "condição" para essa promoção; ela não precisou nem explicar qual era essa condição. Sentindo-se ofendida, Selma recusou a proposta e, chorando, saiu da fábrica à procura da assistente social.

O senhor Fritz havia tempos observava Selma com interesse. Ela era jovem, bonita, cabelos longos, muito bem feita de corpo, pele morena. Particularmente, ele gostava de vê-la saindo do vestiário ao final do expediente, quando ela colocava suas roupas normais e lhe parecia bem mais bonita do que com o uniforme-padrão. O Poder de Afrodite havia atingido o senhor Fritz de forma muito imprudente e audaciosa.

A assistente social levou o assunto para o diretor de recursos humanos, e este ao presidente da empresa, uma vez que se tratava de um homem-chave e na condição de "expatriado". Uma investigação sigilosa foi autorizada, sob a coordenação da assistente social. Ela deveria ouvir outras auxiliares de produção e conseguir provas, sem as quais a empresa não tomaria nenhuma atitude. Selma foi orientada a voltar ao seu trabalho e não fazer mais comentários a respeito com ninguém.

A investigação revelou que o Poder de Afrodite havia dominado o velho senhor Fritz já havia algum tempo. Várias auxiliares de produção afirmaram que esses convites indecentes eram relativamente comuns na fábrica, mas ninguém tinha tido coragem de levar o assunto para a frente, como Selma fizera. Disseram, ainda, que cinco monitoras, Sandra, Arlete, Sueli, Laura e Viviane, haviam sido promovidas após aceitarem a "condição" imposta pelo senhor Fritz e manterem sigilo. A assistente social ouviu, igualmente, as monitoras beneficiadas pelo Poder de Afrodite e estas, sob promessa de segurança no emprego, confessaram que a condição realmente fora aceitar encontros amorosos com o senhor Fritz. E disseram mais: quando as moças convidadas a desfrutar do "honroso convite" se recusavam, provocavam uma revolta muito grande no senhor Fritz. Algumas foram dispensadas alguns dias depois, outras tiveram seus aumentos de mérito congelados.

Uma reunião foi marcada entre a assistente social, o diretor de recursos humanos e o presidente da empresa para exposição dos fatos, conclusão das investigações e uma tomada de decisão com relação ao senhor Fritz.

Entregar-se ao Poder de Afrodite custou ao senhor Fritz o repatriamento para seu país de origem, uma situação muito grave de conflito com sua feroz esposa Frida e sua aposentadoria forçada.

Muitos acharam a punição branda demais. Mas outros acharam que não. Voltar para seu país de clima frio, deixar um país tropical e as mordomias da função de "expatriado", ter que viver o final de sua vida enfrentando a senhora Frida raivosa e se aposentar antes de sua meta eram punições razoavelmente justas e severas para o nosso dom-juan suíço.

Selma virou uma espécie de heroína na fábrica. Sandra, Arlete, Sueli, Laura e Viviane ficaram na berlinda e a empresa não conseguiu manter sigilo de seus antecedentes com o senhor Fritz.

Aos poucos, elas foram se desligando da empresa, quer por iniciativa própria, quer por avaliações de desempenho, que confirmaram terem sido as promoções feitas sob considerações de "outras qualidades", não profissionais.

Parece que o Poder de Afrodite tem um efeito de potencialização quando o ambiente de trabalho é constituído por muitas mulheres.

Caso 6

Personagens
Paulo – Presidente da diretoria da empresa A
Carlos – Presidente da diretoria da empresa B
Ariane – Gerente de produto da empresa B

A empresa B propôs uma fusão com a empresa A que foi aceita pelos acionistas de ambas as empresas. Assim, a nova empresa AB, teria melhores condições de competitividade no mercado acirrado de seu ramo de atividade, uma linha total de produtos maior, melhores lucros pela redução de despesas operacionais e com pessoal, preparando-se assim para um maior crescimento. Paulo, presidente da diretoria da empresa A, foi indicado para ser o novo presidente da diretoria da empresa AB, e Carlos, presidente da diretoria da empresa B, aceitou uma posição de gerente geral na subsidiária da nova empresa AB no Chile.

Aparentemente, nada de anormal. Fusões passaram a ser muito comuns no mundo globalizado. Mas surge Ariane no cenário da empresa AB, com uma atitude que começou a despertar a atenção de todos os funcionários. Ariane era gerente de produto da empresa B e foi mantida na nova empresa após a fusão. Mas, em vez de demonstrar a alegria dos que ficaram e continuaram com os seus empregos, Ariane começou uma campanha difamatória contra Paulo, apesar de conhecê-lo muito pouco.

Ela não perdia uma oportunidade para contaminar os funcionários com afirmações como: "Na época da empresa B, o ambiente de trabalho era melhor!", "Carlos era muito mais preparado para ocupar o cargo de presidente da diretoria da empresa AB, tinha mais experiência, além de muito mais tempo de casa!". Ariane estava sempre revoltada e demonstrava isso na fala e no rosto durante todos os expedientes de trabalho. Procurava arregimentar os funcionários da empresa B para sabotarem lançamentos de produtos e outras iniciativas para que as coisas não dessem certo. Cada vez ficava mais claro que ela queria derrubar Paulo da presidência da nova empresa. Na verdade, em função dessa liderança negativa de Ariane, a empresa AB se dividia em dois blocos: de um lado funcionários da empresa A e do outro lado funcionários da empresa B. A fusão, nesse aspecto, ainda não tinha unido os funcionários de ambas as empresas em uma só.

Quando de apresentações nas convenções de vendas ou sessões de treinamento de vendas, onde Paulo tinha uma apresentação formal aos participantes, Ariane sempre tinha uma ou duas perguntas embaraçosas para fazer, na tentativa de deixá-lo constrangido e desmoralizá-lo junto ao grupo de funcionários tão importante como o de vendas e marketing. "Como o senhor explica que o ambiente interno se tornou mais competitivo e não temos mais o ambiente de equipe que tínhamos na empresa B?", "Os funcionários falam que o senhor vem prestigiando e dando melhores oportunidades de carreira aos funcionários da empresa A, não tendo uma política de igualdade".

Essas atitudes de Ariane ficavam cada vez mais frequentes e agressivas. Elas precisariam cessar ou a empresa AB teria que dispensá-la.

Quando Carlos vinha para São Paulo a serviço, como participar de uma reunião com executivos internacionais responsáveis pela América Latina, Ariane mudava. Ela se arrumava, ficava muito feliz e os dois eram vistos conversando o tempo todo no café, nos intervalos das reuniões executivas. Após o expediente, Carlos e Ariane saíam para jantar, e isso todos os dias de sua permanência em São Paulo. Carlos, igualmente, se transformava em outro homem. Chegou mesmo a sugerir que sua vinda para São Paulo deveria acontecer pelo menos uma vez por mês. O argumento era de que o Brasil tinha as maiores operações da empresa, a produção local atendia o mercado chileno e ele tinha muitos assuntos a tratar com todas as áreas. A sugestão foi aceita pelos diretores internacionais. Assim, Ariane e Carlos se encontravam com uma frequência maior do que estava acontecendo antes.

A matriz da empresa B era em Curitiba. Carlos e Ariane, bem como todos os funcionários da empresa B, trabalhavam no Paraná e foram transferidos para São Paulo na criação da empresa AB. Mas, logo depois, Carlos assumiu suas funções no Chile.

Uma coisa que Paulo não sabia, e que todos os funcionários da empresa B sabiam, é que Carlos já tinha sido atraído e submetido pelo Poder de Afrodite em Curitiba e havia vários anos mantinha relações com Ariane.

Carlos era casado, Ariane era solteira. Em vez de parar com a campanha negativa contra Paulo, em vista dos encontros mais frequentes com a vinda de Carlos para São Paulo, Ariane ativou sua agressividade. Ela repetia no café, nos intervalos de refeições, a quem quisesse ouvir, que Paulo era incompetente, a empresa AB não daria certo com ele, que todos deveriam apoiar sua saída e o retorno de Carlos.

Esses comentários eram trazidos ao conhecimento do diretor de recursos humanos, que, por sua vez, os levava ao conhecimento de Paulo. E a decisão foi pela dispensa de Ariane.

Ficara claro que todo esse comportamento nefasto de Ariane era em razão da transferência de Carlos para o Chile, impossibilitando-os de se entregarem aos encantos do Poder de Afrodite como os dois queriam. Ela tinha uma vã esperança de que a campanha que conduzia levaria à demissão de Paulo, ao retorno de seu príncipe encantado e que tudo seria como antes no quartel de Abrantes, sob a égide suprema do Poder de Afrodite.

Por uns tempos não se ouviu mais falar de Ariane em São Paulo. Talvez tivesse voltado para Curitiba, onde moravam seus parentes.

Mas havia quem afirmasse que Ariane se mudou para o Chile, onde arrumou emprego em uma empresa do mesmo ramo como gerente de produto. Afinal de contas, ela falava muito bem o idioma espanhol...

Caso 7

Personagens
Dr. Pedro – Médico do trabalho
Florinda – Analista de laboratório
Geraldo – Gerente de controle de qualidade

Geraldo tinha uma grande amizade com o Dr. Pedro. Na rotina diária da administração do Departamento de Controle de Qualidade, era comum os dois se falarem várias vezes por dia, em razão dos problemas de saúde dos funcionários e faltas ao serviço. Geraldo confiava muito no Dr. Pedro, e este tinha o comportamento ético normal de um médico. Assim, de colegas de trabalho, ambos se tornaram amigos, a ponto de um frequentar a casa do outro. Igualmente, as suas esposas se conheciam muito bem.

Nessa história havia outra personagem, Florinda, uma jovem e bonita analista de laboratório, porém não talentosa. Florinda era solteira e mostrava toda a sua beleza escultural no início e no término do expediente, quando abandonava seu largo e opressor uniforme. Ela tinha um andar elegante e sensual, usava calças bem apertadas e blusas decotadas. Como confiava muito em sua beleza, não se preocupava em se desenvolver profissionalmente, e isso em uma área que exige aprendizado contínuo. Gostava de faltar de vez em quando e usava de seu charme para obter do Dr. Pedro o necessário respaldo para o abono de suas faltas.

Assim, era comum vê-la no ambulatório médico com o Dr. Pedro. Isso levou o nosso ético e bem-comportado doutor a ser tentado pelo Poder de Afrodite. E Florinda gostava muito de homens com uniforme branco, se sentia atraída por eles.

Não tardou para o Poder de Afrodite se mostrar com todo o seu esplendor e os dois começaram a ter um relacionamento. Porém, a discrição e o sigilo eram absolutamente assegurados. Ela se referia a ele sempre com muito respeito, Dr. Pedro daqui, Dr. Pedro dali. Ele, igualmente, nunca a procurou no ambiente de trabalho e não parava para conversas nos corredores da fábrica.

Em um dos inúmeros encontros que Geraldo tinha com o Dr. Pedro fora do expediente de trabalho para um happy hour entre os dois, veio o assunto "mulheres". Dificilmente esse assunto não é abordado em uma reunião de homens. E, conversa vai, conversa vem, Geraldo confidenciou ao Dr. Pedro que mantinha um relacionamento com uma moça solteira fora da empresa. Ou seja, já havia sido dominado pelo Poder de Afrodite havia alguns anos. O Dr. Pedro riu do caso, mas em nenhum momento falou de seu caso com Florinda, funcionária de seu grande amigo Geraldo.

E tudo corria bem, o Dr. Pedro sempre manteve guardado o segredo contado por seu amigo Geraldo, até que...

Florinda apareceu no ambulatório médico para fazer o exame legal de desligamento. Ela acabara de ser demitida por Geraldo em razão de faltas e baixo desempenho.

O Dr. Pedro, por mais que não quisesse, mudou seu relacionamento com Geraldo e já não o visitava em sua casa com a mesma frequência e não se falavam muito no expediente de trabalho. Geraldo nunca entendeu essa mudança do Dr. Pedro e, às vezes, se questionava se havia feito algo que pudesse tê-lo magoado.

E veja como é o destino. Geraldo era conhecido com um dos melhores gerentes de controle de qualidade do ramo de atividade da empresa, uma multinacional americana. Os *head hunters* sabiam disso, e, não raras vezes, abordavam Geraldo sobre uma nova oportunidade de trabalho na concorrência. Em uma dessas abordagens, a proposta de uma consultoria se mostrou simplesmente irrecusável. Além de ser uma empresa maior, o cargo oferecido era de diretor de controle de qualidade, com seus inúmeros atrativos, como carro da empresa, bônus executivos e ações, entre outros benefícios.

Geraldo aceitou participar do processo, no qual entrou como o candidato mais forte e provável para o preenchimento da vaga.

O processo corria muito bem, e já estavam assinando a carta de oferta de emprego quando Geraldo foi chamado pela consultoria para ser informado da suspensão da contratação e explicar uma situação de relacionamento amoroso com outra mulher, uma vez que era casado. Geraldo levou um susto, tentou negar e se explicar, quis saber de onde viera essa "mentira".

Ficou sabendo, então, que Florinda era muito amiga da chefe de laboratório de qualidade da empresa onde Geraldo iria trabalhar. E, como sua contratação já era de conhecimento dos funcionários do departamento, a chefe falou para Florinda (que a procurara para discutir possibilidade de emprego) que teria um novo diretor de controle de qualidade e disse o nome.

Florinda, então, aproveitou para revelar o relacionamento que Geraldo mantinha com outra mulher, fora do casamento. Isso foi fatal para Geraldo. A chefe procurou a secretária do presidente da empresa e este ficou sabendo do caso amoroso, suspendendo, de imediato, a contratação de Geraldo. Ele não queria um diretor em sua empresa que mostrasse esse comportamento reprovável pela política da empresa.

E Geraldo perdeu essa excelente oportunidade profissional, além de ficar queimado entre as empresas de consultoria em recursos humanos e *head hunters*. Por sorte, continuou na empresa onde estava.

Ele sempre se perguntava: "Mas como essa Florinda ficou sabendo do meu segredo? Eu somente o confiei ao Dr. Pedro. E ele é o meu melhor amigo, além de ser um médico!".

Nunca soube da resposta. Florinda se vingara, assim, de Geraldo por ter sido demitida por ele. Mas usou o Poder de Afrodite de uma forma muito maldosa. Não deveria!

Apesar de sua amizade com a chefe de laboratório de qualidade, Florinda não conseguiu o emprego.

Caso 8

Personagens
Mr. Steve – Presidente da diretoria
Helena – Gerente de propaganda e publicidade

Mr. Steve era um executivo americano idolatrado no ambiente de trabalho de uma multinacional americana de produtos de consumo. Chamava a atenção por ser o presidente da empresa, e mais ainda por sua beleza. Era alto, forte, olhos azuis e um sorriso que, segundo as mulheres, derrubava qualquer uma. Um verdadeiro artista de cinema! Mas era conhecido como um homem sério e compenetrado em seu trabalho, numa fase em que a empresa experimentava um grande crescimento no Brasil. Era casado e sua esposa raramente aparecia na empresa e era pouco conhecida. Mas, quando das raras visitas, as mulheres se apressavam em fofocar: "Como ela tinha conseguido conquistar um homem daqueles?". Ela era magra, bem mais baixa do que ele, branquinha e não era considerada uma mulher bonita.

Nos eventos em que Mr. Steve dirigia a palavra a todos os funcionários, como as festas de confraternização de final de ano, se ouviam suspiros das moças por todos os cantos.

Sendo assim, Helena, a gerente de propaganda e publicidade, também notava essas qualidades de Mr. Steve. Ela era uma mulher muito elegante e de personalidade forte, se impondo como uma líder entre as mulheres da empresa. Tinha um belo corpo, um rosto muito bonito e todo aquele charme de quem trabalha em propaganda e marketing. Ela era casada com um homem um pouco estranho, dono de uma empresa de relações públicas, e havia muitos comentários quanto à sua masculinidade.

E foi em uma dessas festas de final de ano que Mr. Steve dançou com várias moças (é costume nas empresas americanas o entrosamento social entre os executivos e os funcionários, dentro da política de igualdade, relações humanas e diplomacia) e, pela primeira vez, com Helena.

As moças da fábrica convidadas a dançar por Mr. Steve irradiavam essa honra e satisfação no ambiente de trabalho durante todo o ano.

Era uma boa forma de, como se diz, fazer uma média com as funcionárias. Helena, por sua vez, sentiu que "this is the man!". E todos perceberam que Mr. Steve dançava com uma funcionária da fábrica, depois com Helena novamente. Tirava para dançar uma moça do escritório, depois dançava com Helena novamente. Depois, somente com ela...

Helena se projetou muito na empresa depois dessa festa. Começou a ser prestigiada com apresentações diretas para a diretoria, apresentações essas que antes eram feitas pelo diretor de marketing. Recebeu alguns incentivos salariais e teve suas responsabilidades aumentadas. Os assuntos relacionados a propaganda e publicidade passaram a ser discutidos diretamente entre ela e Mr. Steve.

Falar sobre isso era um verdadeiro tabu na empresa. Ninguém se atrevia! Uma razão era a própria admiração e respeito que todos nutriam por Mr. Steve. Outra razão era o fato de ser o presidente da empresa.

E algumas informações corriam daqui e dali – um falando que viu os dois no belíssimo carro de Mr. Steve em horário fora do expediente, outro falando que viu os dois em um restaurante francês famoso.

Não restavam dúvidas de que Mr. Steve havia sido golpeado pelo Poder de Afrodite. Mas foi incrível a capacidade de ambos de manter elevada discrição no ambiente de trabalho!

Não se passaram muitos meses e, por razões que ninguém na empresa entendeu, Mr. Steve foi chamado de volta para ocupar funções na matriz nos Estados Unidos. Em seu lugar assumiu Mr. Paul, que ocupava a posição de diretor de marketing e vendas e era o superior de Helena.

Especularam-se muitas coisas: a esposa de Mr. Steve desconfiara das relações com Helena e pediu para voltar aos Estados Unidos; Mr. Steve solicitou essa transferência por reconhecer que o rumo que o Poder de Afrodite tomava poderia levar à ruína o seu casamento e sua carreira na empresa; Mr. Paul procurou preservar a imagem da empresa e a dele mesmo e levou o assunto para o diretor de operações internacionais, que encontrou essa saída estratégica.

Entretanto, por muitos anos o nome de Mr. Steve foi lembrado na empresa, principalmente por suas centenas de admiradoras, muitas delas dispostas a exercer o seu Poder de Afrodite sobre Mr. Steve, se pudessem!

Helena ficou visivelmente triste e deprimida por alguns meses, mas procurou se recuperar. Um novo diretor de marketing e vendas foi indicado para substituir Mr. Paul. O nome dela como a principal sucessora para esse cargo foi preterido. Ela percebeu que suas oportunidades na empresa se encerraram e optou por se unir ao marido na empresa de relações públicas, saindo do cenário.

Caso 9

Personagens
Otávio – Gerente de administração de vendas
Mônica – Assistente administrativa

Otávio exercia a função de gerente de administração de vendas na matriz da empresa alemã em São Paulo. Era um homem de 45 anos, casado, três filhos. Mônica exercia a função de assistente administrativa na filial de marketing e vendas da empresa, em Campinas. Jovem, solteira, muito bonita e um corpo perfeito. Era impossível olhar para Mônica sem dar um *flash* geral em suas excepcionais qualidades físicas, e ela percebia isso e gostava. O Poder de Afrodite que emanava dela era extraordinariamente forte.

Em um processo de reorganização da empresa, Otávio foi promovido a gerente da filial de marketing e vendas em Campinas, deixando a família em São Paulo e se mudando para essa aprazível cidade do interior. Ele até que relutou em aceitar essa transferência e a promoção e tentou convencer a empresa de que poderia dar sua melhor contribuição à empresa na matriz em São Paulo. Mas foi em vão. A diretoria da empresa confirmou que precisava de sua experiência e capacidade profissional para impulsionar os negócios na filial de Campinas.

Otávio, típico morador de cidade grande, sentiu muito em deixar a esposa e os filhos e enfrentou dificuldades para organizar uma rotina no interior longe deles, vendo-os somente nos finais de semana. Sua esposa, para conciliar os interesses da família com os profissionais, organizou um esquema de ir a Campinas todas as semanas, ficando na companhia de Otávio de quarta-feira para quinta-feira, quando retornava. Mas, com o tempo, ela também deixou de cumprir essa rotina, vencida pelos compromissos familiares e cuidados que tinha que dispensar aos seus três filhos.

Otávio, após alguns meses no novo local de trabalho, comprou um bom apartamento, onde poderia receber toda a família com o mesmo conforto do apartamento em São Paulo. E tudo caminhava para uma acomodação dessa rotina. Até que Otávio começou a desenvolver uma amizade com Mônica. Ela não se reportava a ele. Entretanto, suas funções exigiam uma intensa interação com Otávio para a solução de vários problemas operacionais. E, assim, de colega de trabalho, Mônica passou a ser amiga. Como amiga, ouvia os problemas pessoais de Otávio, a solidão que sentia longe da família, as noites em casa sem ninguém para compartilhar um jantar, uma televisão. Oh, coitado! Isso despertou o instinto maternal de Mônica, que começou a sair com ele. Ora para um jantar, ora para um cinema, ora para um passeio no shopping.

Não demorou muito para essa amizade ser contaminada pelo Poder de Afrodite e Otávio e Mônica passaram a viver um ardente romance. Ele estava, simplesmente, embriagado pela beleza e atributos físicos de Mônica. Transmitia isso para quem quisesse ver no ambiente de trabalho. Não perdia um cafezinho com a presença de Mônica e a visitava em seu escritório várias vezes ao dia, a ponto de incomodar o bom andamento dos serviços dela, o que foi notado pelo coordenador administrativo da filial, que chamou a atenção da assistente.

Na filial todos já comentavam sobre o relacionamento amoroso dos dois. E a família, na agitada e estressante São

Paulo, já começara a estranhar a mudança de atitudes de Otávio. Ele não ia para casa em alguns finais de semana. Alegava sobrecarga de trabalho e relatórios pendentes que o prendiam ao computador em seu apartamento em Campinas. E quando ia para sua casa, em vez de retornar a Campinas na segunda-feira pela manhã, como costumava fazer, começou a voltar já no domingo à noite.

Dizia ele que, assim, poderia estar logo de manhã na filial sem o cansaço da viagem. Otávio estava totalmente dominado pelo Poder de Afrodite e ficava cego para todos esses "pequenos" erros de confissão e *mea culpa*.

Assim, a vida maravilhosa de Otávio seguia com todos os seus encantos. Tinha sua esposa cuidando dos filhos com zelo em São Paulo e a companhia de uma mulher que o levava à loucura em Campinas. Tudo parecia perfeito.

Um belo dia, entretanto, sua esposa resolveu lhe fazer uma visita surpresa, junto com seus três filhos, em uma sexta-feira. A ideia era passar o final de semana em Campinas e desfrutar das atrações da aprazível cidade do interior no final de semana. Era uma oportunidade, igualmente, para os filhos conhecerem o apartamento em Campinas. Ela tinha a chave do apartamento!

Ao chegar, sua esposa abriu a porta silenciosamente, entrou com os filhos e procurou por Otávio. Ele não estava na sala, poderia estar na cozinha; não estava na cozinha, poderia estar no quarto; se não estivesse no quarto, poderia ter saído para comprar alguma coisa.

Mas Otávio estava no quarto – e com Mônica, se entregando ao momento supremo do Poder de Afrodite.

O "pobre" Otávio quase morreu do coração. Pularam da cama, tentaram proteger sua nudez. E Otávio conseguiu somente dizer (e isso foi uma verdade revelada pela própria Mônica a amigas de confiança na empresa!): "Não é o que vocês estão pensando!". A esposa e os filhos, entretanto, preferiram a versão própria: “Sim, é exatamente isto que estamos pensando!”.

Enquanto a esposa armava o maior barraco com Otávio e sua filha com Mônica, durante o qual sobraram tapas e arranhões, os dois filhos ficaram mudos, sem ação. Pareciam olhar até com pena do pai e da mãe. Nesse tumulto, Mônica conseguiu se vestir e deixar o ambiente. “Eles que são brancos que se entendam!”.

O Poder de Afrodite agia em sua forma mais perversa – a de destruidora de lar. De qualquer forma, se Otávio não conseguia confessar o caso à esposa e cuidar de sua vida com Mônica, o destino facilitou essa tarefa, apesar da forma chocante e escandalosa.

Bem, não houve reconciliação e o casal se separou. Otávio ficou com o apartamento em Campinas, sua esposa com o apartamento em São Paulo, além de uma boa pensão. Otávio seguiu sua vida com Mônica, agora em um relacionamento mais estável. Alguns meses depois do incidente, foi dispensado pela empresa, que alegou crise econômica e necessidade de reestruturação. Mônica ficou um pouco mais, mas também foi dispensada. Com certeza, o episódio entre eles foi determinante na decisão dos seus desligamentos da empresa.

Nunca mais ouvi falar de Otávio e Mônica. Sem roupas, na cama com a amante, afirmando apavorado: “Não é o que vocês estão pensando!”, foi muito engraçado, não? Apesar de trágico.

Caso 10

Personagens
Senhor Bruno – Diretor de pessoal
Dona Sílvia – Assessora administrativa de pessoal
Ubiratan – Gerente de pessoal

O senhor Bruno era um ícone na empresa onde trabalhava, uma multinacional americana de produtos de consumo. Ele ingressara na empresa desde seu primeiro dia de atividade no Brasil e acompanhou e deu sua valiosa colaboração para o vertiginoso crescimento da empresa, através do exercício com competência das atividades de pessoal. Foram centenas de contratações de pessoas, formulação de políticas de pessoal, implementação de uma estrutura de benefícios. Era um dos heróis da fundação da empresa.

O senhor Bruno se fizera acompanhar nesse seu novo emprego de dona Sílvia, com quem já trabalhara no emprego anterior. Os dois começaram as atividades de pessoal da nova empresa no Brasil. O senhor Bruno era daqueles administradores de pessoal que não acreditavam e evitavam os "modismos" de programas de pessoal que outras empresas vinham implementando. Sua filosofia de pessoal era simples e prática – fazer o básico da melhor forma possível que agradasse e motivasse os funcionários.

Assim, zelava por um bom restaurante, um bom sistema de transporte, uma boa limpeza das instalações, uma folha de pagamento sem erros, nenhuma vulnerabilidade trabalhista, alegres festas de confraternização dos funcionários.

O senhor Bruno era casado e dona Sílvia, solteira. Ele era um homem comum em termos de aparência, assim como dona Sílvia. Ela não tinha nenhum atributo físico que pudesse ser considerado um exemplar para a espécie. E o conceito que ambos tinham entre os funcionários e com a diretoria da empresa era o de duas pessoas íntegras em todos os aspectos de ética e moral, dois excelentes e leais funcionários em termos de dedicação, experiência e resultados.

A empresa crescia e, além do senhor Bruno e dona Sílvia, funcionários começaram a ser contratados para o Departamento de Pessoal, entre eles, o jovem Ubiratan. Ele era ambicioso e procurava continuamente se desenvolver no campo que abraçara. E logo fez carreira, passando para assistente de pessoal, supervisor de pessoal e gerente de pessoal. O Departamento de Pessoal já estava com mais de 25 funcionários, a empresa com 1.800 funcionários. Ubiratan era o braço direito do senhor Bruno e detinha toda a gestão de pessoal nos aspectos operacionais.

Algo que chamava a atenção de todos no departamento era o fato de dona Sílvia ter o maior salário, ficando somente abaixo do senhor Bruno. Como assessora administrativa de pessoal, uma espécie de secretária do diretor de pessoal, nada justificava esse salário maior, principalmente com o crescimento de Ubiratan. Mas o que o senhor Bruno vendia para o presidente da empresa é que ela comandava, praticamente, todo o departamento de pessoal, além de ter uma grande experiência. E isso não era uma verdade. Por que será que o senhor Bruno tomava essa posição? Acrescente-se que as avaliações de desempenho feitas pelo senhor Bruno davam conceito de "excepcional" para dona Sílvia em todos os requisitos!

Nunca ninguém suspeitou de um eventual relacionamento entre os dois. Mesmo quando o senhor Bruno ficou viúvo, o tratamento dele com dona Sílvia era o mais respeitoso e enérgico possível.

Ubiratan foi designado para pesquisar novas práticas de pessoal das empresas, principalmente das americanas. A empresa crescia, havia que se inovar as práticas de pessoal, implementando as práticas de recursos humanos.

O jovem Ubiratan fazia isso com extraordinário entusiasmo e acreditava que as práticas pesquisadas, como administração salarial, treinamento e desenvolvimento de pessoal, políticas de pessoal formalizadas, plano de *trainees*, programa de integração de pessoal, entre outros, poderiam trazer melhores resultados para a empresa.

Mas, ao tentar obter a aprovação do senhor Bruno para implementação dessas práticas, era desestimulado e a posição do senhor Bruno era sempre pela manutenção das coisas como estavam, ou seja, a filosofia de pessoal simples e prática – fazer o básico da melhor forma possível que agradasse e motivasse os funcionários. Foi então que Ubiratan cometeu, sem imaginar, um erro fatal.

Comentou com dona Sílvia sua frustração: "O senhor Bruno parece que não está disposto a inovar a área de pessoal. Levo várias propostas de novos programas de recursos humanos e ele recusa todas. Parece até que está se acomodando".

Não levou muitos dias para o senhor Bruno fazer uma alteração no departamento, promovendo outro funcionário para supervisor de pessoal e retirando de Ubiratan muitas de suas principais responsabilidades. O golpe para Ubiratan foi tão forte que ele preferiu um acordo para sair da empresa e continuou sua "carreira solo", sendo que, ao longo do tempo, passou a ocupar funções de gerente ou diretor de recursos humanos em várias multinacionais importantes.

Mas uma coisa sempre intrigou Ubiratan: "O que teria acontecido com o senhor Bruno? Ele sempre gostou muito do meu trabalho!".

Outras coisas que aconteciam no departamento e eram comentadas com dona Sílvia logo o senhor Bruno ficava sabendo. E a resposta acabou vindo somente com a aposentadoria dele e de dona Sílvia. Eles se casaram logo depois. Aí as coisas começaram a ficar claras para todos.

Um funcionário que trabalhara com os dois na empresa anterior se sentiu à vontade com a saída do senhor Bruno e de dona Sílvia para falar que eles já mantinham um caso amoroso quando ele a trouxe para a nova empresa. Assim, esse relacionamento continuou enquanto o senhor Bruno ainda era casado e também quando ele enviuvou. Isso era conveniente para os dois: ele poderia manter dona Sílvia com um salário alto, além de ter uma informante de tudo o que acontecia no departamento, sem que ninguém desconfiasse.

Esse foi um dos casos do Poder de Afrodite mais secretos de que tomei conhecimento. Realmente, por mais de duas décadas, ninguém ficara sabendo.

Ubiratan pôde, assim, aquietar sua alma profissional ao deduzir, finalmente, o que acontecera e os motivos de sua saída: quando comentou com dona Sílvia sobre a recusa do senhor Bruno em implementar novas técnicas de recursos humanos e que ele lhe parecia acomodado, ela repassou para o seu amado amante e este revidou tirando-lhe as principais responsabilidades do cargo e provocando sua desmotivação e saída da empresa.

A ironia do destino foi que Ubiratan amava de coração o senhor Bruno. Com ele, Ubiratan deu os primeiros passos na carreira de recursos humanos, admirava sua personalidade forte, sua experiência e lhe era profundamente grato pela oportunidade profissional e de carreira oferecidas, pelo reconhecimento à sua dedicação e talento. Ubiratan nunca, jamais em sua vida, faria algo para prejudicar o senhor Bruno. Mas, infelizmente, ele não teve essa percepção. Sentiu-se ameaçado pelo seu aluno e resolveu diminuir a importância do seu cargo para se proteger. Não havia essa necessidade.

De certa forma, para Ubiratan foi bom. Ele ganhou uma importante liberdade para crescer em sua carreira. Mas aprendeu uma dura lição – a de que não devia nunca mais comentar nada do chefe com a secretária: ambos podem estar sob o efeito do Poder de Afrodite!

Caso 11

Personagens
Senhor Luís – Gerente comercial
Liliane – Supervisora de contas a pagar

O senhor Luís, casado, com filhos e netos, era um dos gerentes mais respeitados pela alta direção da empresa, uma empresa nacional no ramo agropecuário. A sua lealdade, dedicação e espírito de colaboração impressionavam a todos.

Liliane se reportava ao senhor Luís e exercia o cargo de supervisora de contas a pagar. Era casada, 40 anos e, apesar de não poder ser considerada uma mulher símbolo, tinha atributos que atraíam os homens, como um jeito muito meigo e carinhoso de ser e as pernas mais bonitas do escritório.

Dizem que o senhor Luís já tinha se entregado ao Poder de Afrodite havia muitos anos, desde que Liliane era uma jovem de 20 anos. Assim, esse relacionamento era muito sério, conhecido de todos na empresa, e ele não demonstrava nenhuma preocupação em manter um mínimo de discrição, apesar de Liliane tomar todos os cuidados de sua parte. Afinal de contas, era uma mulher casada e não queria problemas em sua casa.

O que todos estranhavam era o fato de o senhor Luís convidar o marido de Liliane para visitar uma das fazendas da empresa no interior de Minas Gerais. Assim, Liliane e seu marido ficavam hospedados na casa sede da fazenda, junto com o senhor Luís e sua esposa. Talvez essa fosse uma forma de demonstrar a "grande amizade" que sentia por ela.

Mas as iniciativas de proteção que o senhor Luís tomava para melhorar as condições de Liliane eram visíveis. De vez em quando conseguia aprovações para aumentos salariais, além da promoção para o cargo de supervisora de contas a pagar, convencendo a diretoria a criar essa posição que não existia na empresa, cuja estrutura organizacional não comportava esse cargo.

Não havia nada que Liliane não conseguisse do senhor Luís. Quando ela se incompatibilizou com o chefe de contabilidade geral, seu superior hierárquico, por problemas de faltas e desinteresse pelo trabalho, o senhor Luís não hesitou em dispensar esse funcionário categorizado, que trabalhava na empresa havia mais de 25 anos, para livrar Liliane desses “aborrecimentos”.

A prova final de que o senhor Luís estava totalmente dominado pelo Poder de Afrodite veio quando Liliane pediu um emprego para o seu filho de 19 anos, que estava encontrando dificuldades para arrumar uma colocação no mercado. Apesar de a política da empresa não permitir a contratação de parentes para o mesmo departamento, o senhor Luís aprovou a contratação do jovem, depois de dispensar outro funcionário para abrir a necessária vaga, com um salário acima dos demais na mesma função, sob o argumento de que o jovem tinha talento e já ingressara na faculdade. Realmente, as coisas não estavam nada profissionais nessas relações.

Mas, você poderá perguntar, ninguém denunciava essa situação ou procurava levar os fatos à diretoria da empresa? Não, ninguém! Além de ser muito querido no ambiente de trabalho, todos sabiam que o senhor Luís era um dos homens de maior confiança da administração da empresa. Assim, quem ousasse prejudicá-lo muito provavelmente seria o prejudicado.

Bem, a história termina com a aposentadoria do senhor Luís, que teve que recompor uma rotina com sua esposa, e isso deve ter sido muito difícil para ele. Acostumado a ficar ao lado de Liliane por mais de oito horas por dia, como ele aguentaria ficar longe dela nessa fase? Eu imagino que deve ter sido um sofrimento muito grande. Diga-se de passagem que os dois se amavam demais. Seria esse o castigo do destino?

Logo após a saída do senhor Luís, a empresa dispensou Liliane e, alguns meses depois, o seu talentoso filho, acabando com o domínio do Poder de Afrodite no departamento comercial.

Na fase de aposentadoria, restaram ao senhor Luís as lembranças dos bons tempos vividos ao lado de Liliane e a tristeza de não vê-la mais, tendo como única opção buscar consolo para a sua depressão nos ombros amigos da velha e mal-amada esposa.

Caso 12

Personagens
Charles – Diretor de operações internacionais
Rose – Assistente administrativa

Esse foi um caso do Poder de Afrodite que envolveu grandes tramas internacionais. Charles era um dos mais importantes executivos da empresa, uma multinacional americana. As responsabilidades de seu cargo compreendiam uma boa parte das operações da empresa no mundo, exceção feita aos Estados Unidos e Europa. Ele era um executivo de meia-idade, 45 anos, extraordinariamente simpático, de boa aparência, alegre e muito social. Entre as responsabilidades de Charles estavam as operações da empresa no Brasil, sendo uma unidade de vendas e outra de produção.

Rose era assistente administrativa do gerente geral da unidade de produção, sediada em outra cidade e distante da unidade de vendas. E o que se pode falar de Rose? Jovem e solteira, ela era considerada "o corpo perfeito", não havia como colocar defeito nesse aspecto. Era nota 10. Entretanto, Rose não podia ser considerada uma mulher de grande beleza.

Mas era extraordinariamente sensual e sabia que seu corpo deixava os homens caídos por ela. Todos, sem exceção. Mesmo os mais tímidos e recatados eram pegos com um olhar de encanto, procurando beber um pouco da beleza de seu corpo. Rose tinha o maior Poder de Afrodite de toda a empresa e era conhecida por todos, inclusive da unidade de vendas.

Bem, não tardou para que Charles descobrisse esses encantos de Rose e se deixasse dominar pelo seu incrível Poder de Afrodite. E suas viagens ao Brasil começaram a se tornar mais frequentes, em especial para a unidade de produção. Era certo que as operações brasileiras cresciam vertiginosamente na época e esse era o argumento para as suas constantes e cada vez mais demoradas visitas ao Brasil. Mas muitos funcionários começaram a perceber que havia outro importante motivo – Rose!

Charles era considerado um "homem todo-poderoso" na empresa. E talvez por esse motivo ele se dava ao luxo de expor seu encantamento por Rose sem maiores cuidados. Ele sabia, igualmente, que ninguém se atreveria a sequer comentar o caso. E isso era uma verdade. Apesar de o gerente geral da unidade de produção e do gerente geral da unidade de vendas, além de muitos outros funcionários, descobrirem que Charles e Rose estavam iniciando um caso amoroso, esse assunto era tabu, não se comentava. Ficava apenas em poucas conversas de bastidores entre os assustados fofoqueiros da empresa.

Charles começou a sair com Rose e se envolveu de corpo (principalmente!) e alma nesse romance. Era um homem visivelmente louco e apaixonado por Rose. Ele havia experimentado o Poder de Afrodite tropical, moreno, em um corpo escultural, sensual e malicioso, bem diferente de suas patrícias norte-americanas.

Para sorte de todos, Rose manteve grande discrição, e em nenhum momento se aproveitou de seu relacionamento com um dos homens mais importantes da empresa para tirar vantagens profissionais ou prejudicar algum funcionário. Ela, igualmente, estava apaixonada e encantada por Charles.

Ambos fizeram viagens internacionais maravilhosas, cheias de glamour e romantismo, nas férias e licenças não remuneradas tiradas por ela. Dizem que Charles queria se divorciar de sua esposa e casar com Rose, mas que ela não aceitou: não queria a separação do casal e muito menos deixar seu país para morar nos Estados Unidos. Assim, preferiu deixar as coisas como estavam.

Ambos estavam juntos nesse romance havia vários anos quando surgiu uma surpresa: Charles fora indicado para assumir a diretoria internacional da empresa na Europa, onde as operações eram as mais volumosas e lucrativas.

Assim, não haveria motivo para suas viagens ao Brasil, salvo em alguns eventos especiais. Charles ficou desesperado. Não conseguiria trabalhar em paz e com eficiência longe de sua "loucura tropical". Então, o que fazer?

Alguns meses após sua transferência, o gerente geral da unidade da empresa na Itália ligou para o gerente da unidade de produção no Brasil, dizendo que gostaria de ter Rose como funcionária, pois sabia de "suas qualidades profissionais, além de ser uma oportunidade para ela desenvolver uma experiência internacional em um país com origens familiares".

Na verdade, Rose vinha de uma família de italianos e a proposta para sua transferência para a Itália lhe pareceu muito atrativa. Além do mais... E lá se foi nossa Rose para a Itália, para tristeza de muitos admiradores de seu Poder de Afrodite.

Essa loucura de amor por Afrodite durou uma vida toda, até que os dois se aposentaram. Rose voltou ao Brasil.

Até onde fiquei sabendo, essa história continuou mesmo após a aposentadoria de Charles e Rose. Hoje ela tem um negócio próprio, uma loja de material para pinturas e quadros prontos, em uma cidade do interior de São Paulo, e continua solteira, morando com sua mãe em um lindo apartamento. Tanto a loja como o apartamento foram presentes de Charles, com muito amor. Charles lhe assegura, igualmente, uma boa pensão mensal em dólares.

Não sei se Rose continua se encontrando com Charles ou não. Alguns dizem que sim. Periodicamente, ela realiza uma viagem sozinha a lindos e paradisíacos locais no mundo. Acredita-se que à sua espera esteja o agora “velho Charles”, ainda dominado e encantado pelo seu Poder de Afrodite!

Caso 13

Personagens
Senhor Henrique – Diretor de recursos humanos
Adriana – Secretária executiva

Esse caso marcou pela surpresa que provocou em todos os funcionários da empresa, em se tratando do senhor Henrique, e pelo escândalo na portaria de uma importante multinacional europeia que tinha como política um ambiente sério e de exemplar disciplina.

O senhor Henrique era diretor de recursos humanos da empresa havia mais de trinta anos. Era casado, tinha 62 anos e filhos já adultos. Havia ingressado como auxiliar de pessoal e fez uma brilhante carreira, passando por vários cargos até ocupar um assento na diretoria. Ele era muito conhecido por todos os homens de RH das empresas do mesmo ramo, não somente por sua vasta experiência, mas, igualmente, por sua personalidade séria, fechada, formal. Era praticamente impossível tirar um sorriso do senhor Henrique. Falava e agia com seriedade sempre, não dando margem para brincadeiras e sempre citando palavras de ordem e moral. E fazia isso até nas reuniões informais do grupo de recursos humanos das empresas do ramo.

Era um homem definitivamente sério, de elevada moral e disciplina, de poucas palavras, um tanto quanto "sinistro".

Adriana era uma secretária balzaquiana, solteira, um padrão de mulher normal. Não era feia nem encantava por sua beleza, não tinha um corpo escultural nem chocava por seus atributos anatômicos. Aliás, ela se mantinha isolada e não procurava um intenso relacionamento interno. Era vista trabalhando ou se dirigindo ao restaurante, acompanhada de alguma outra secretária. De certa forma, era igualmente um tanto quanto "sinistra".

Os dois se relacionavam no ambiente de trabalho com extremo profissionalismo e os contatos entre eles eram sempre formais. Senhor Henrique para lá, senhora Adriana para cá. Se os funcionários pudessem ter certeza de uma coisa era que nunca, em tempo algum, se poderia imaginar um caso entre os dois. O Poder de Afrodite era simplesmente ignorado (será?).

Em casa, a vida do senhor Henrique não era das melhores. Ele se sentia um burro de carga, patrocinando mordomias para a esposa e os filhos, que não se interessavam muito em ingressar no mercado de trabalho. Eles tinham tudo o que precisavam graças aos elevados salários e gratificações recebidas do papai. Assim, o senhor Henrique não era daqueles homens muito entusiasmados com suas relações domésticas.

Para fugir de seu ambiente não tão motivador em casa, o senhor Henrique se dedicava a uma carga de trabalho no escritório até tarde, se retirando para casa somente depois das 20h, sempre se fazendo acompanhar de sua secretária Adriana. Chefes não conseguem trabalhar sem a assistência de suas secretárias!

Sua esposa era daquelas que mantinham um controle firme nas rotinas do marido e o visitava com frequência no escritório, procurando falar principalmente com as funcionárias, para "sentir o ambiente". E ela percebia certo desconforto de Adriana quando lhe dirigia a palavra. A moça parecia ficar assustada, insegura e um tanto quanto "enciumada" com a presença da esposa do chefe no escritório.

Essas visitas da esposa lhe valeram um ponto – ficar conhecida das funcionárias da empresa, em especial das do departamento de recursos humanos. E foi uma dessas funcionárias, não se sabe por quê, que enviou uma carta anônima para a esposa do senhor Henrique sobre um eventual caso amoroso dele com Adriana. Como pode? Aquele homem sisudo, sério, de elevada moral e disciplina, vencido pelo Poder de Afrodite? Não dava para acreditar!

Ao receber a carta, a esposa do senhor Henrique a princípio não levou a sério nem comentou nada com ninguém, nem com suas melhores amigas. Preferiu manter a confiança no seu marido, apesar de as relações afetivas domésticas estarem bem deterioradas. Mas ficou com a pulga atrás da orelha. Ela passou a ligar todos os dias para o marido, principalmente quando ele ficava em horas de expediente extra, quando todos os funcionários do escritório já tinham se retirado, permanecendo apenas o pessoal da faxina noturna.

E foi em uma dessas ocasiões que a esposa do senhor Henrique resolveu ligar diretamente para o número de Adriana. Ela não atendeu. Em seguida, ela ligou diretamente para o marido, que também não atendeu. Procurou pelo vigilante na portaria para confirmar se o senhor Henrique ainda estava na empresa, obtendo a resposta positiva. E o vigilante, "mui amigo", ainda completou que ele estava trabalhando com Adriana no escritório do departamento de recursos humanos. Ela pediu ao vigilante, então, que procurasse por ele e o informasse que ela estaria ligando. O vigilante subiu ao andar do departamento, bateu na porta fechada, ao mesmo tempo em que ouvia o telefone tocar na sala do senhor Henrique, dizendo: "Senhor Henrique, sua esposa quer lhe falar ao telefone!".

O senhor Henrique atendeu o telefone tão assustado, mas tão assustado, engasgado e sem fôlego, mostrando que estava "cansado", que sua esposa não hesitou: "Henrique, o que você está fazendo? Quem está aí na sala com você?".

Para infelicidade do senhor Henrique ela o ouviu dizer: "Adriana, saia, saia. É minha esposa!". Ela ouviu também a resposta de Adriana: "Está bem, está bem!". Apesar de tapar o telefone com as mãos, o senhor Henrique, assustado, não o fizera com eficiência. Muitos ficam trêmulos nessa faixa de idade quando estão no momento supremo de adoração a Afrodite!

O senhor Henrique atendeu o telefone e sua esposa não o pressionou. Disse apenas que estava preocupada com o seu atraso. Mas, se estava tudo bem...

No dia seguinte, a esposa do senhor Henrique se postou na portaria da empresa e aguardou a saída de Adriana. O pessoal da fábrica já tinha se retirado em sua maioria. Saía no momento o pessoal da administração, incluindo Adriana, que vinha conversando com uma de suas amigas, caminhando lentamente em direção ao seu carro no estacionamento externo à empresa.

Assim que a esposa do senhor Henrique viu Adriana, alguns passos após a portaria da empresa, ela se lançou em sua direção aos gritos, tapas, arranhões e puxões de cabelo: "Sua vagabunda! Sua sem-vergonha! Como tem coragem de querer roubar o marido de outra?". Adriana foi jogada no chão e a esposa do senhor Henrique, transtornada e violenta, não parava com suas agressões. Foi difícil até para os vigilantes separá-la de Adriana. Formou-se uma roda de vários funcionários do escritório, alguns até se divertindo com a situação, outros tristes em ver a cena, além da turma do deixa-disso. Foi o maior barraco na frente da empresa.

Finalmente, tiraram Adriana dos braços da mulher e uma de suas amigas a levou de carro para casa. A esposa do senhor Henrique, em seguida, subiu para falar com ele. E você pode imaginar o que aconteceu no andar entre os dois. Felizmente, ninguém se encontrava mais lá.

A notícia se espalhou por toda a empresa, inclusive na matriz no exterior. Adriana pediu férias antecipadas e não compareceu ao trabalho por dez dias. O senhor Henrique veio trabalhar normalmente, permanecendo fechado em sua sala, não saindo nem para almoçar.

A austera empresa preferiu o silêncio e deixar que o tempo apagasse esse incidente.

O senhor Henrique foi solicitado a transferir Adriana para outro departamento e esta, por sua vez, alguns meses depois, preferiu pedir demissão e mudar de empresa. Ele, por outro lado, tentou se manter no cargo, porém sabendo que havia perdido a moral entre os funcionários da empresa. Deixou, inclusive, de participar das reuniões do grupo de recursos humanos das empresas do ramo. Alguns meses depois, quando entrou na elegibilidade do plano de aposentadoria da empresa, optou por sair.

Se sua situação em casa já não era boa, ficou pior. O senhor Henrique entrou em profunda depressão. Infelizmente, alguns meses após sua aposentadoria recebemos a notícia de que ele tivera um infarto fulminante. Não se soube mais de Adriana e ela não se atreveu a ir ao seu velório.

Ah, meus amigos, se o Poder de Afrodite muitas vezes pode dar momentos de imenso prazer e felicidade para os que querem se arriscar, ele pode se mostrar trágico, chocante socialmente e fatal.

Caso 14

Personagens
Mariana – Chefe do departamento de benefícios
Silvana – Assistente social

O Poder de Afrodite, em alguns casos, parece se desviar de seu rumo natural e original e se volta para atrair e submeter outra mulher. Que estranho, não? Apesar de essa situação atualmente tender a tomar um rumo de "normalidade social", ainda choca a maioria das pessoas. Essa é uma verdade que não podemos ignorar.

E foi isso que aconteceu com Mariana e Silvana. Ambas trabalhavam em uma empresa multinacional americana. Mariana era a chefe de Silvana. Mariana, solteira, 35 anos, ex-jogadora de basquete da equipe de sua cidade do interior de São Paulo, era chefe do departamento de benefícios, que abrangia todos os planos de benefícios aos funcionários, além da administração do restaurante, departamento médico e serviço social. Silvana, casada, 28 anos, era assistente social e se reportava a Mariana.

Era visível e notório que Mariana tinha um especial carinho por Silvana e procurava protegê-la e projetá-la na empresa em todas as oportunidades que pudesse. Para Mariana, Silvana era a melhor funcionária, a mais responsável, a que tinha melhores condições de substituí-la, e sempre tentava obter aprovação do diretor de recursos humanos para aumentos salariais para ela.

Silvana, sentindo essa proteção, pôde liberar toda a sua personalidade, personalidade esta que recebia críticas de suas "clientes", principalmente as funcionárias da fábrica. Estas a viam como arrogante, distante da realidade do chão de fábrica, pouco interessada em solucionar os problemas sociais identificados. Quem mantinha o serviço social andando, nesse aspecto, era outra assistente social, gordinha e pouco atraente. Mariana e Silvana eram vistas juntas o tempo todo. Nas idas ao banheiro, ao restaurante, nos passeios pela empresa nos intervalos de almoço. Mesmo em reuniões programadas com a diretoria de recursos humanos, Mariana tentava levar Silvana sob o pretexto de desenvolvimento pessoal e acesso às informações de que ela, supostamente, era detentora.

Houve situações de dispensa de funcionárias do departamento de benefícios que se indispuseram com Silvana, cujos motivos não eram justificados. Foi o caso da supervisora do restaurante, que teve um atrito com Silvana na linha de distribuição das refeições por não atender uma solicitação dela para fazer um prato que as práticas autorizadas não permitiam. Mariana, no dia seguinte, sem maiores explicações, dispensou a funcionária, uma funcionária competente, com muitos anos de casa e muito querida no ambiente de trabalho.

Entretanto, ninguém nunca imaginara que as duas pudessem estar tendo um relacionamento e que o Poder de Afrodite tinha se manifestado de forma tão distorcida.

Até que...

Um dia, uma auxiliar de embalagem se dirigiu ao serviço social para procurar informações a respeito da liberação de seu empréstimo de emergência. Ela cobrara essa situação por telefone, mas ninguém atendera. Ao chegar ao serviço social não viu ninguém e a porta da sala de Mariana estava fechada, porém não a chave. Com sua simplicidade e informalidade de uma funcionária de fábrica, ela abriu a porta de repente e levou um susto.

Mariana e Silvana estavam trocando um caloroso e demorado beijo! Beijo na boca! E estavam se abraçando muito forte e carinhosamente. Ambas se desconcertaram perante aquela humilde funcionária da fábrica que, depois de refeita do susto, se limitou a perguntar: "Senhora Silvana, o meu empréstimo de emergência foi aprovado? Eu estou precisando muito desse dinheiro e me desculpe o mau jeito!".

Mariana, com muita habilidade, pediu para Silvana sair e ver a situação da funcionária, enquanto pedia para que ela se sentasse para "conversar".

"Arminda, você deve ter estranhado a cena que viu. Mas eu estava dando um beijo de feliz aniversário na Silvana. Eu tenho esse costume. Faço isso com minhas irmãs e amigas. Eu estou falando isto para que você não saia agora pela fábrica falando bobagens a nosso respeito. Isso pode até prejudicar você! Você entendeu bem?".

O tom de ameaça de Mariana assustou Arminda, mas teve um efeito contrário ao que Mariana esperava. Arminda, preocupada que Mariana pudesse tomar de imediato alguma ação contra ela, procurou a chefe de embalagem para relatar o que tinha visto e a conversa que Mariana tivera com ela. Esta chefe de embalagem já tinha ouvido comentários a respeito de atitudes estranhas entre Mariana e Silvana, como flagrantes das duas sentadas bem juntas, uma ao lado da outra, atrás da mesa de trabalho de Mariana em atitudes "suspeitas", relatadas por outras funcionárias do departamento.

Assim, a chefe de embalagem procurou pelo diretor de recursos humanos para contar os fatos e colocá-lo a par dessa delicada situação.

Nessas horas, acontece o que sempre acontece. O diretor de recursos humanos desabafou: "Bem que eu estava desconfiado! As atitudes da Mariana com relação à Silvana sempre foram muito estranhas!".

O diretor de recursos humanos optou por silenciar sobre os fatos conhecidos quando da dispensa de Mariana, alegando a famosa "necessidade de reestruturação do departamento". Apesar de sua insistência, Mariana nunca soube dos reais motivos de seu desligamento de surpresa da excelente empresa onde trabalhava. Silvana seguiu o mesmo caminho, algumas semanas depois. A infortunada supervisora do restaurante foi convidada a retornar à empresa, para alegria geral de todos os funcionários.

E como sempre acontece, também, muitas outras informações sobre o relacionamento das duas vieram à tona após os seus desligamentos. Como as visitas que Silvana fazia ao apartamento de Mariana após o expediente de trabalho, em alguns dias da semana.

Estranho e misterioso esse Poder de Afrodite!

Caso 15

Personagens
Fontoura – Gerente de vendas
Débora – Representante técnica de vendas
Selma – Representante técnica de vendas

Fontoura era gerente de vendas de uma grande multinacional americana. Casado, dois filhos, 48 anos. Uma coisa ele fazia questão de divulgar no ambiente de trabalho: era um grande admirador do Poder de Afrodite. E todos os funcionários sabiam disso. Quando conversava com as funcionárias, ele sempre tinha um jeito alegre, era muito social, conhecia inúmeras piadas picantes para contar. Assim, ele conseguiu ser inserido no ambiente de trabalho com essa marca conhecida e era aceito dessa forma. Ninguém podia falar que não conhecia o Fontoura e suas intenções quando ele se aproximava das funcionárias. Era um jogo aberto.

Débora e Selma eram duas funcionárias que se reportavam a um gerente de distrito de vendas, que, por sua vez, se reportava a Fontoura. Elas eram mulheres muito atraentes, solteiras, jovens e muito liberais quanto a espalhar o seu Poder de Afrodite no ambiente de trabalho. Assim, elas não hesitavam em chamar a atenção do Fontoura. Pelo contrário, viam nisso uma grande oportunidade de ter sua capacidade profissional e "outros talentos" conhecidos por ele. Afinal de contas, era o comandante supremo de uma das divisões de vendas mais importantes da empresa.

Esse jeito de ser do Fontoura fazia com que ele fosse muito bem-sucedido entre os seus clientes. Os contatos de vendas eram sempre muito alegres e divertidos, não faltavam boas piadas picantes. E, sabe como é, muitos homens gostam desse tipo de relacionamento. O Fontoura era um profissional competente e formado em uma das melhores escolas do país em sua especialidade. Enfim, era um homem muito prestigiado na empresa e se sentia, assim, seguro para ser como gostava de ser. Na verdade, não era incomodado com isso, desde que as cotas de vendas fossem cumpridas e superadas.

Se o Fontoura já se declarava um fiel adorador do Poder de Afrodite, imagine quando esse poder estava bem próximo e o instigando o tempo todo através de Débora e Selma! Assim, não tardou para que ele se envolvesse com as duas, aproveitando as inúmeras oportunidades que o cargo lhe dava de trabalho fora do escritório, no campo de vendas.

Assim, Fontoura, Débora e Selma formaram um trio muito tórrido e todos se entregaram aos encantos do Poder de Afrodite com relativa frequência. Fontoura chegou até a montar um apartamento para essa finalidade. Desse modo, poderia desfrutar do conforto e segurança para receber suas colegas de trabalho, uma de cada vez ou mesmo as duas ao mesmo tempo.

Entretanto, quem não estava gostando dessa situação era o gerente de distrito de vendas, que via em Selma e Débora um declínio de seu desempenho profissional.

Elas, igualmente, estavam perdendo a capacidade de receber e cumprir suas ordens e se interessar por um aprendizado contínuo, item muito importante para uma empresa de alta tecnologia. Mas o que ele poderia fazer? As duas, de certa forma, estavam sob a proteção do Fontoura ou, pelo menos, acreditavam que estivessem. Com a deterioração da situação, ele resolveu falar com Fontoura a respeito.

Mas a conversa não foi das melhores. Após ouvir a longa explanação de seu gerente de distrito de vendas, Fontoura se posicionou assim: "Bem, pode até ser que estejam acontecendo esses fatos. Mas o que as meninas têm reclamado muito é da sua falta de interesse em desenvolvê-las profissionalmente de uns tempos para cá. Elas chegaram a dizer que você aumentou a pressão sobre elas quanto aos resultados de vendas e que não as tem tratado da mesma forma como trata os demais funcionários. Foi bom você falar comigo a respeito. Assim, podemos ter este esclarecimento. Eu estou vendo os controles de vendas da Débora e da Selma e me parecem bons em face da realidade do mercado atualmente. Elas vêm se mantendo a 95% da cota, o que está dentro da média esperada. Ou estou errado?".

O gerente de distrito de vendas se limitou a responder: "Não, Fontoura. Creio que você está certo. Vou me policiar melhor quanto ao meu comportamento com relação a elas. E vamos trabalhar juntos para tentar chegar à meta de 100% da cota de vendas. Eu entendo!". O que ele realmente havia entendido era: "Se eu não me cuidar, quem vai dançar aqui sou eu!".

Fontoura era um homem franco e aberto até em suas relações domésticas. Não tardou muito para ele conversar com sua esposa sobre sua "fraqueza" pelo Poder de Afrodite e que ele não estava disposto a lutar contra isso. Assim, de forma muito direta, negociou com ela, dando duas opções: "Eu não vou mudar. Você sabe como sou desde o tempo de solteiro. Mas não quero mentir para você. Quero te deixar à vontade. Portanto, temos duas opções: tocamos nosso casamento assim, sabendo dessa minha tendência, ou nos separamos. Quero que você decida sobre isso!".

Creio eu que, na maioria dos casos, as esposas nessa situação decidiriam pela imediata separação. Mas não foi o que aconteceu com o Fontoura. Sua esposa preferiu esquecer o assunto, ignorá-lo e continuar mantendo Fontoura em casa e sua família. Apesar de tudo, ele era um pai muito carinhoso e carismático com seus filhos, que o adoravam, mantinha a casa com grande responsabilidade, nada faltando. Ela optou por esse comodismo.

Veja que neste exemplo o Poder de Afrodite foi apaziguador e conciliador, não provocando grandes tragédias, a não ser a tragédia moral da família.

Mas cada coisa que acontece, não? A gente nem imagina! Ah, esse estranho e misterioso Poder de Afrodite!

Na empresa, Fontoura seguiu sua carreira até sua aposentadoria, seu caso com Débora e Selma terminara após três anos de duração, o gerente de distrito de Vendas aceitou uma proposta de emprego de uma empresa concorrente na primeira oportunidade. Elas continuaram lá por muitos anos e seguiram carreira, uma se tornando gerente de produto, outra assumindo a posição, deixada pelo antigo chefe, de gerente de distrito de vendas, promoções essas devidamente aprovadas pelo Fontoura.

Em casa, o peso da idade fez com que Fontoura se "acalmasse" com relação à sua adoração por Afrodite e descobrisse novos valores domésticos, como ir ao shopping e ao cinema com a esposa, fazer compras com ela no supermercado, a magia das viagens às fontes termais e de águas, tirar uma soneca após o almoço.

Eu só não fiquei sabendo o que a esposa do Fontoura, no fundo de seu coração, achou disso tudo.

Caso 16

Personagens
Dr. Cleo – Gerente de relações públicas
Bruna – Assistente administrativa

Não raras vezes o Poder de Afrodite se manifesta com pessoas altamente vaidosas ou que têm frustrações, que buscam satisfazer essa vaidade ou minimizar as suas frustrações, mostrando-se como grandes adoradores de Afrodite, quando na verdade esse não é o motivo principal. Assim, essas pessoas incorporam às suas vidas uma lista enorme de aventuras, mesmo que para isso tenham que investir muito dinheiro e arriscar sua imagem.

Esse foi o caso do Dr. Cleo, gerente de relações públicas de uma grande empresa americana do ramo de produtos de consumo popular, casado, com dois filhos. O Dr. Cleo, como profissional, era um expoente. Formado em uma das melhores faculdades de relações públicas, dominava com perfeição o idioma inglês e tinha uma oratória invejável, além de uma facilidade extraordinária de relacionamento social. Entretanto, como homem, o Dr. Cleo não tinha grandes atributos físicos; era baixo, magro e até podia ser considerado feio. Entretanto, era extremamente vaidoso e gostava muito de ser o alvo das atenções do público feminino. Vestia-se impecavelmente bem e estava sempre perfumado, deixando um rastro de cheiro que o marcava por onde passava.

Assim, ele reunia todas as condições para que o Poder de Afrodite o atraísse com facilidade, principalmente quando havia "interesses materiais" das detentoras desse poder. À custa de presentes caros, ajudas de custo para pagamento de faculdade e despesas pessoais, compra de carros e até de apartamento, o Dr. Cleo podia desfilar com belas moças, tornando sua vida, assim, mais animada e feliz. Com a elevada frequência de gastos, além de uma exposição intensa, não levou muito tempo para que a família descobrisse, em especial os seus filhos.

A esposa, com toda a certeza, sabia dessa situação, mas, para o bem da família, preferia se colocar em uma posição de ignorância dos fatos. Ou, como diziam algumas más línguas, "deixe que ele se satisfaça e eu fico livre dessa incumbência!".

Os filhos do Dr. Cleo se incompatibilizaram definitivamente com o pai, tornando o convívio familiar insustentável. A escalada do Dr. Cleo em seus assédios e a atração fácil por Afrodite culminaram com o seu envolvimento com uma jovem de 16 anos, Bruna, quando ele já tinha passado dos 60! Isso foi o golpe fatal para a família, e os próprios filhos exigiram da mãe que se separasse do pai. E assim foi feito. A família, já tão prejudicada na união, foi separada, o patrimônio teve que ser distribuído entre a esposa e os filhos, deixando o Dr. Cleo com uma parte menor.

Para não enfrentar problemas legais com a família de Bruna, o Dr. Cleo patrocinou todos os seus estudos até formá-la em Administração. E não hesitou em contratá-la na empresa para uma das vagas de assistente administrativa. Isso além de lhe dar de presente um apartamento novo. Entretanto, se o Dr. Cleo não era fiel à esposa, igualmente não foi fiel a Bruna. Ele continuava com suas aventuras. Mas, com o dinheiro cada vez mais curto, o Dr. Cleo encontrou outras formas mais criativas de adorar Afrodite com gastos menores. Era muito frequente ele ser visto com moças em seu carro, passeando no shopping ou em outros lugares públicos. Para atraí-las, ele se oferecia para arrumar emprego no setor de embalagens, além de vender a imagem de que era um dos profissionais mais importantes e influentes da empresa. As moças de origem simples caíam com facilidade nessa conversa e não criavam dificuldades para oferecer seus encantos de Afrodite, para que pudessem encontrar o tão sonhado emprego.

Assim, para desespero do selecionador de pessoal, lá vinha o Dr. Cleo com uma proposta de emprego de alguma moça solicitando sua participação no processo de seleção, mas pedindo que fosse colocada na proposta a sua recomendação para aprovação do gerente de embalagem.

Na verdade, as pessoas que conheciam o Dr. Cleo não acreditavam em seu apetite sexual a esse nível. Era, realmente, uma forma de compensar suas frustrações físicas e satisfazer sua vaidade, mais do que qualquer outra coisa.

O Dr. Cleo se aposentou, mas mesmo a pequena parte de seu patrimônio está sendo vendida para que ele possa continuar patrocinando suas aventuras. O seu caso com Bruna ficou no passado. Ela continuou sua carreira na empresa, tendo sido transferida para o departamento de contabilidade.

Sucederam-se vendas de mais imóveis. Não raras vezes, o Dr. Cleo podia ser visto nas áreas de lazer de algum shopping, sentado em posição estratégica no meio do fluxo de novas "pretendentes", no vigor de seus 70 anos. Bem arrumado, demonstrando "poderio econômico", ele se mantinha na posição de um pescador na esperança de alguma piranha ou ingênua morder o seu anzol.

Muitos achavam essa situação patética. Ele estava cada vez mais sozinho na vida, a família pouco sabia dele e se mantinha afastada.

Esse foi um caso sério de opção espontânea, com disposição a todo e qualquer risco, pelos encantos de Afrodite. Entretanto, não era uma atração legítima pelo Poder de Afrodite. Talvez fosse um caso mais apropriado para um psicanalista estudar e tratar.

Caso 17

Personagens
Reinaldo – Diretor de recursos humanos
Carmen – Secretária

Apesar de os presidentes, diretores e gerentes serem os principais guardiões da política das empresas de prevenção de assédio sexual e combate aos adoradores de Afrodite, em algumas ocasiões os próprios guardiões acabam por ceder ao Poder de Afrodite. E o caso de Reinaldo foi mais um deles. Casado, com filhos adolescentes, Reinaldo era um homem realmente com "cara de marido". Baixo, meio gordinho, nada de beleza masculina que pudesse chamar a atenção. Carmen, sua secretária, igualmente não se podia considerar como causadora de uma atração por Afrodite pelos dotes físicos da detentora desse poder. Eram pessoas, como se poderia dizer, comuns.

Mas Reinaldo e Carmen, no convívio diário entre diretor e secretária, pularam de um relacionamento profissional para o de amizade, e de amizade para um caso amoroso. E essa atração foi fulminante. Não levou muitos meses para Reinaldo assumir o romance perante sua família e solicitar o divórcio, admitindo oficialmente esse romance como mais uma etapa de sua vida pessoal.

A transformação de Reinaldo foi notada por todos os colegas que participavam do grupo de recursos humanos da região. Ele mudou seu modo de vestir, procurou adotar um estilo mais jovem em seu comportamento e tentava acompanhar com Carmen todas as músicas dos bailes nos jantares de confraternização. Alguns colegas diziam: "O Reinaldo parece uma criança. Está transbordando de felicidade por todos os poros!". Apesar de baixo e gordinho, chegou a se esforçar até para dançar o *twist*, com uma camisa amarela da moda.

Pode parecer estranha a comparação entre o Reinaldo de antigamente, um diretor de RH sisudo, sério, ar de responsável e homem de poucas palavras, com o novo Reinaldo alegre, social, brincalhão, rindo à toa com todos e por tudo, mas o Poder de Afrodite desperta em alguns homens essa reação. Ele se renova como homem, descobre novas realidades, sai da monotonia de sua vida, muitas vezes construída para se adaptar a uma esposa eventualmente castradora, a quem não ama mais ou com quem já não tem mais compatibilidade há tempos.

Reinaldo foi muito profissional nesse aspecto. Tão logo anunciado seu comprometimento com Carmen, esta solicitou sua demissão e foi trabalhar em outra empresa.

Dele ninguém poderia esperar outra atitude. Ele nunca manteria uma adoração por Afrodite concomitantemente com o seu casamento. No pouco tempo em que Reinaldo esteve com Carmen ele curtiu a vida intensamente. Viajou, fez cruzeiros marítimos, ia regularmente a bailes e jantares fora, nunca perdia bons shows e peças teatrais. Passou a ser um apaixonado pela vida. Parecia até que Reinaldo estava prevendo que essa sua vida não seria duradoura, infelizmente.

E ele não foi a única pessoa que eu conheci que, de repente, sentiu uma força interior incontrolável para viver a vida intensa e desesperadamente, como se seu espírito anunciasse que assim deveria ser feito antes de um desfecho fatal que abreviasse a sua existência.

Apesar de sua atitude, digamos assim, "sincera" com a família, representada por sua ex-esposa, filho e filha, Reinaldo não teve a aprovação dela e de outros parentes. Isso fez com que experimentasse momentos frequentes de depressão e tristeza, apesar da felicidade que encontrava com sua nova vida com Carmen. Infelizmente, a sociedade não está preparada para aceitar essas decisões de separações como uma realidade e até um direito das pessoas. Assim, vemos cenas que vão desde os barracos, até os assassinatos, além desse estágio de revolta, isolamento e desprezo que se estabelece. Reinaldo sentia falta, principalmente, do contato com os filhos, que o desprezavam.

Assim, aumentava o seu sentimento de culpa, agravando sua tristeza. Como golpe final veio a notícia de que o seu filho havia sofrido um acidente de carro e não resistira aos ferimentos. Era um lindo jovem, 19 anos, recém-ingresso na faculdade de administração, uma vez que pretendia seguir a carreira do pai em recursos humanos.

Reinaldo, assim, apesar de toda a sua inteligência e maturidade, não resistiu a esse golpe da perda de seu querido, mas afastado filho. Em pouco tempo contraiu uma grave enfermidade, uma leucemia, que o levou desta existência em pouco menos de seis meses.

Foi uma fatalidade ou se deve ligar, necessariamente, essa tragédia ao Poder de Afrodite? Poderia ter acontecido com o curso normal da vida? Ou será que o destino colocou Afrodite eu sua vida para lhe garantir aqueles momentos mágicos e de excepcional felicidade pelos quais passou durante os três anos em que viveu com Carmen, em vista do final de vida que teria?

Mistérios do destino.

Nunca saberemos se tudo isso teria acontecido mesmo se ele não se deixasse dominar pelo Poder de Afrodite.

Com o tempo, os amigos em comum que Reinaldo e Carmen mantinham foram se distanciando, deixando de ter relacionamentos sociais com Carmen. Após alguns meses, ela se mudou para Londres e aceitou uma posição de secretária em uma empresa brasileira com subsidiária na Inglaterra, procurando ficar longe do palco em que viveu intensamente esse romance com Reinaldo. Quem conhece a ex-esposa de Reinaldo diz que ela se casou novamente e procurou esquecer nesse novo relacionamento toda a tragédia e frustrações que a vida lhe havia proporcionado, apegando-se a sua única filha.

Caso 18

Personagens
Ariovaldo – Gerente geral
Tereza – Secretária executiva

Ariovaldo, 42 anos, casado, dois filhos, era gerente geral de uma grande multinacional no ramo metalúrgico e gozava de grande prestígio na organização. Tereza, casada, sem filhos, era sua secretária. Ariovaldo vivia um casamento aparentemente organizado, mas comentava-se que a situação real era de desintegração, conflito de personalidade com a esposa.

Tereza, na qualidade de secretária e pelas características de sua função, tinha uma interação muito grande no ambiente de trabalho com Ariovaldo, interação essa que acabou por despertar uma grande amizade e confiança da parte de Ariovaldo. O Poder de Afrodite começava a se manifestar. Tereza era cativante, muito comunicativa e envolvente; isso não tardou a atrair Ariovaldo.

Ele, por sua vez, era um homem muito racional e prático, seus princípios o impediam de iniciar um relacionamento paralelo ao casamento, pelo menos não um relacionamento que pudesse ser notado por todos na empresa.

Se os dois mantinham ou não um relacionamento amoroso em plena vigência de seus casamentos, ninguém ficara sabendo. Entretanto, essa possibilidade parece ser muito provável neste caso.

Um belo dia, a empresa foi surpreendida com a notícia de que Ariovaldo havia se separado de sua esposa. Coincidentemente, Tereza também se separou de seu marido. Até então, ninguém no ambiente de trabalho suspeitava de um eventual envolvimento dos dois. O tratamento entre eles era profissional e nunca ninguém na empresa os tinha surpreendido juntos em algum lugar. Mas, passados alguns meses, ambos anunciaram seu casamento, com a imediata solicitação de demissão de Tereza.

A separação de Ariovaldo lhe abalou as finanças, por causa da separação de bens e da pensão. Coincidência ou não, a carreira de Ariovaldo começou a sofrer um grande desgaste e, passados alguns anos, a empresa o dispensou.

Como gerente geral de uma grande multinacional, recebeu um bom pacote de direitos trabalhistas e pagamentos extras, e lá se foram Ariovaldo e Tereza usufruir desse dinheiro, que parecia interminável, em longas viagens ao exterior, em especial à Europa. Na volta, o processo de desgaste do patrimônio recebido continuou – a compra de uma casa em um bairro de elite, de um apartamento de lazer em um balneário sofisticado em Miami, jantares em restaurantes finos.

Bem, realmente o Poder de Afrodite havia se manifestado de forma ampla e definitiva. Resumindo, Ariovaldo e Tereza moram hoje em um modesto apartamento de dois dormitórios, possuem um único carro de cinco anos e vivem uma vida bem apertada. Por Afrodite Ariovaldo trocou, de certa forma, um patrimônio pessoal razoável e uma carreira invejável.

Não sei se ele continua achando que valeu a pena. Mas ambos estão juntos, apesar de passarem por aqueles mesmos momentos desgastantes de quaisquer relações estáveis. Interessante isso, não? Parece que relações estáveis e desgastes andam juntos na maioria dos casos.

Será que o Poder de Afrodite somente se manifesta com todo o seu esplendor nas relações pontuais e transitórias?

Caso 19

Personagens
Maurício – Gerente geral
Ana Sílvia – Assistente administrativa

Maurício era gerente geral de uma concessionária de veículos, com filiais em alguns estados. Casado, dois filhos, ele era o que se poderia chamar de um exemplo de patriarca. O valor que ele dava à sua família, seus filhos e netos era comprovado pela extrema preocupação e carinho que tinha com todos. Sua esposa, igualmente, era uma mãe extremamente zelosa e, nesse aspecto, acompanhava muito bem o marido. Na empresa era um executivo bem-sucedido e já vinha prestando serviços na empresa havia mais de vinte anos.

Se alguém pudesse apontar algum ponto fraco de Maurício seria o seu jeito um pouco boêmio de viver. Ele gostava de reunir amigos, conversar, tocar piano e cantar. Fumava e bebia além do que devia, avançando pela noite adentro todos os finais de semana. Mas, tirando esse aspecto, era um homem muito bem relacionado socialmente. Estava prestes a se aposentar e tinha acumulado um bom patrimônio em imóveis e dinheiro. Tudo estava caminhando para que tivesse uma aposentadoria muito boa, tranquila, feliz.

Mas quis o destino que Maurício fosse contaminado pelo Poder de Afrodite, e sua vida sofreu alterações profundas desde então. Em uma das unidades da empresa foi contratada Ana Sílvia como assistente administrativa. Ela era uma mulher na faixa dos 50 anos, divorciada, com uma filha maior de idade, mas em plena forma física. Tinha um corpo que atraía muito a atenção dos colegas de trabalho. Além disso, era uma pessoa extremamente simpática, alegre, sociável e divertida, além de cumprir muito bem suas funções na empresa.

Maurício, na função de gerente geral, visitava as filiais da concessionária periodicamente. E foi em uma dessas visitas que conheceu Ana Sílvia. O encontro foi fulminante. Maurício, ao vê-la, sentiu que todos os seus alicerces familiares e valores morais se abalaram, dado o incrível Poder de Afrodite emanado por Ana Sílvia. E a recíproca foi verdadeira. Ana Sílvia gostou de imediato de Maurício.

Assim, as visitas de Maurício às filiais de vendas já não seguiam uma programação normal. A unidade onde trabalhava Ana Sílvia começou a ser visitada com muito mais frequência do que as outras. Logo os funcionários da empresa começaram a desconfiar do motivo para esse foco específico em uma unidade – Ana Sílvia.

Foi em uma das festas de confraternização de final de ano que Maurício e Ana Sílvia se conheceram melhor e se aproximaram. Era costume nessas festas, após o jantar e mensagens de final de ano, acontecer um baile entre os colegas de trabalho, como forma de interação e aproximação social entre a gerência e os funcionários. E os dois dançaram uma música, depois outra, depois mais algumas. Sentaram-se juntos, tiveram conversas alegres, beberam e fumaram. A afinidade de gostos e personalidade dos dois era surpreendente. Um era a metade da laranja do outro no aspecto de curtir a vida, entregar-se às delícias da boemia.

Maurício encerrou sua carreira na concessionária, se aposentando. Com muito mais tempo disponível, o Poder de Afrodite tomou conta de Maurício de forma avassaladora. Ele estava dominado a tal ponto que, em poucos meses, a família ficou a par de seu envolvimento com Ana Sílvia.

Maurício e Ana Sílvia se entregaram de corpo e alma a esse relacionamento. Foram inúmeras viagens, jantares, passeios, noitadas em bares e boates. O grau de entrosamento entre Maurício e sua família era tão elevado que a família, de certa forma, resolveu dar um tempo para que tudo isso passasse. Sua esposa, logicamente traumatizada, procurou conforto através de dedicação a atividades sociais e grupos da terceira idade, e, assim, encontrava um pouco de apoio e paciência para essa fase difícil pela qual seu marido estava passando. Os filhos seguiam suas vidas, apoiando mais a mãe e procurando lhe dar conforto e proteção.

Mas a vida de Maurício começava a ruir em vários aspectos. Primeiro o trauma moral. Como patriarca de família exemplar, ele começou a sentir os efeitos de suas ações perante sua esposa, filhos e netos. Depois, as finanças começaram a ficar abaladas com gastos além do normal. Suas relações com Ana Sílvia também passaram a ser assoladas por constantes discussões. Assim, novos traumas e problemas se instalaram em sua cabeça já muito tumultuada. Finalmente, ele resolveu romper com Ana Sílvia. Mas, em vez de tentar uma reintegração à família, ele se deixou, novamente, dominar pelo Poder de Afrodite e iniciou outro relacionamento.

Aí a família não aguentou mais. Sua esposa pediu separação, seus filhos começaram a abandoná-lo, levando com eles os seus netos. O turbilhão que se instalara na cabeça de Maurício virou um verdadeiro furacão. Ele não conseguia se controlar emocionalmente e passou a necessitar de ajuda médica.

Agora ele tinha sua ex-esposa, seus filhos e sua ex-amante contra ele. Com os bens divididos, a parte que lhe coube não lhe garantia mais uma aposentadoria no nível a que ele se acostumara e desejava. Ele teve que fazer uma reformulação em suas despesas.

Com o tempo, as relações com a segunda "namorada" se deterioraram e ela também se foi. Ele, por sua vez, iniciou um terceiro "namoro", e encontrou uma mulher mais interessada em obter vantagens de seus recursos financeiros. Isso dilapidou ainda mais o seu patrimônio. Ele, definitivamente, se perdia no Poder de Afrodite. Esse terceiro "namoro" foi de curta duração, acabou tão logo a "namorada" conseguira um carro novo de presente.

Maurício foi morar com um irmão, que era divorciado e vivia sozinho, em um pequeno apartamento. Essa solidão piorou ainda mais sua saúde mental e física. O isolamento, a solidão e o abandono de todos o levavam cada vez mais ao abismo do álcool e remédios fortes.

Maurício, em seus raros momentos de equilíbrio, atribuía todos os desafios e tragédias que se instalaram em sua vida ao Poder de Afrodite que começara com Ana Sílvia. No seu caso, foi muito destruidor. Muito mais destruidor do que gratificante e prazeroso.

Maurício acabou por ser internado em uma clínica psiquiátrica e, após alguns anos, morreu dormindo, muito provavelmente vítima de excesso de álcool e drogas.

Final trágico, mas não raro, do Poder de Afrodite. Ana Sílvia continuou sozinha na vida, também amargando descontroles emocionais. As duas outras namoradas de Maurício seguiram suas vidas com outros companheiros. Sua ex-esposa se reorganizou na vida buscando conforto e apoio no grupo da terceira idade e no carinho de seus filhos e netos.

Não houve quem não sentisse a morte de Maurício. Ele era amigo de todos, um bom camarada e estava sempre à disposição para ajudar, a qualquer hora, qualquer pessoa.

Caso 20

Personagens
Hildebrando – Empresário
Madeinusa – Empregada doméstica

E o Poder de Afrodite pode envolver um adorador com mais de 75 anos? A história a seguir me foi relatada por um dos colegas de recursos humanos. Hildebrando era um rico e poderoso empresário do ramo do açúcar e álcool em uma cidade do interior de Mato Grosso. Casado, tinha dois filhos e, juntos, gerenciavam o empreendimento. Sua velha esposa nunca quis morar em cidade pequena do interior. Assim, ele mantinha residência em Campo Grande e outra residência na pequena cidade do interior e dividia o seu tempo entre as duas mansões. Nessa residência do interior ele vivia sozinho nos dias de trabalho na usina, onde atuava como diretor-presidente.

Hildebrando era conhecido por todos como um aficionado adorador de Afrodite e se deixava levar pelo seu poder com muita facilidade. Muito rico, podia manter todos os luxos das detentoras do Poder de Afrodite que o subjugavam. Esse comportamento dele era conhecido tanto pela família – e isso envolvia sua esposa e seus dois filhos – como por muitos funcionários da empresa. Mas como um homem vencedor na vida, que veio de uma família simples e construiu um império econômico com muito trabalho e talento, a ele era permitido tudo!

Pelo que se sabe, ele se manteve ativo na adoração a Afrodite por toda a sua vida. Mas havia uma dúvida agora. Com seus 75 anos de idade, teria o nosso herói Hildebrando controlado e vencido o Poder de Afrodite ou não?

Aí entrou Madeinusa para esclarecer essa dúvida. Ela era a empregada doméstica que atuava como uma espécie de governanta na mansão da cidade do interior onde se localizava a usina. Recentemente contratada, ela era uma senhora de 60 anos, viúva e mantinha a contento suas qualidades femininas. Como se costuma dizer na própria cidade do interior, "ela ainda dava um bom caldo". Madeinusa dormia no emprego. Com os seus 75 anos, Hildebrando precisava tomar remédios seguindo horários certos, a ele deviam ser servidas refeições especiais, além dos cuidados com suas roupas e limpeza geral da mansão. Madeinusa fazia tudo isso com extraordinário carinho e dedicação, e Hildebrando estava muito encantado com ela.

Dizem que ela começou a fazer massagens nele antes de dormir para que ele pudesse ter um sono tranquilo e suas dores ósseas se acalmassem. E foi nessas massagens diárias que Hildebrando se viu, novamente, dominado pelo Poder de

Afrodite. Ninguém sabe exatamente o que acontecia naquela mansão à noite. A verdade é que Hildebrando começou a ficar muito mais tempo na residência do interior e já não ia tanto para sua casa em Campo Grande nos finais de semana.

Outra coisa que chamou atenção foram os aumentos salariais e promoções que ele começou a autorizar para Madeinusa. Ela estava registrada na usina como empregada normal. Assim, essas decisões de Hildebrando eram de conhecimento do gerente de pessoal. Em pouco tempo, seu salário foi elevado a nível equivalente ao de um chefe de seção, para desespero do setor de pessoal da empresa, que não sabia como enquadrar esse cargo na estrutura salarial. Mas quem ousaria desafiar o todo-poderoso Hildebrando?

De qualquer forma, as "qualidades" demonstradas por Madeinusa a levaram a "merecer" um salário equivalente ao de um chefe de setor. Grande Madeinusa!

Certo dia, Hildebrando procurou o gerente de pessoal da usina e lhe solicitou que procurasse uma casa para Madeinusa, que ele queria dar de presente para ela. E deu uma base de preço – 300 mil reais!

Lá se foi o meu colega identificar na cidade um imóvel disponível. Ele não teve nenhuma dificuldade para encontrá-lo, principalmente com o pagamento à vista.

Era notável a melhoria do humor do velho Hildebrando. Antes ele era ranzinza, vivia reclamando de tudo e de todos. De repente, após conhecer Madeinusa, ele mudou de comportamento, tornando-se uma pessoa mais otimista, alegre e feliz da vida.

Meu colega saiu da usina por conta de uma melhor oportunidade profissional. Mas, pelo que ele tomou conhecimento, o velho Hildebrando continuava lá e tinha comemorado seu 80º aniversário. Sempre com a leal e dedicada assistência da sua fiel escudeira Madeinusa!

Ah, esse extraordinário Poder de Afrodite! Dizem alguns que ele tem a força de assegurar maior longevidade ao homem. Será? O velho e bondoso Hildebrando que o diga!

Que experiências e conhecimentos nós podemos adquirir com os casos relatados?

Os casos relatados foram considerados a esmo, selecionados de uma ampla coleção de exemplos, apenas para servirem de base para a mensagem que queremos transmitir neste trabalho. Em nenhum momento foi nossa intenção ferir a ética profissional. Igualmente, tomamos a precaução de não expor as pessoas e as empresas que se dispuseram, voluntariamente, a colaborar com este trabalho. Tenho a certeza de que os leitores estão se lembrando de outros casos conhecidos em suas empresas e que gostariam de ver acrescentados a essa lista. Mas os exemplos citados já são suficientes para demonstrar o quanto o Poder de Afrodite pode afetar as relações trabalhistas nas empresas, prejudicar a imagem profissional dos adoradores de Afrodite, causar rompimentos matrimoniais, encerrar promissoras carreiras. Mas nem todos! Aliás, muitos casos saem incólumes dessa situação, para desespero dos funcionários moralistas, ou até invejosos, no ambiente de trabalho.

De qualquer forma, é oportuno resumir as importantes experiências e conhecimentos que apenas vinte casos nos passaram, para o nosso aprendizado e para elevar o nível de alerta e prevenção quanto aos riscos de se adorar Afrodite no ambiente de trabalho de uma forma não apropriada.

De uma maneira geral, o ambiente de trabalho se torna muito intolerante aos casos de adoração a Afrodite nas relações homem casado x mulher casada, solteira ou desquitada.

- Essa situação é particularmente mais grave quando o homem casado faz parte do quadro de gestores da empresa, em vista do comprometimento profissional que tem como gestor do código de conduta e ética, além dos valores morais e culturais da empresa.
- A situação se torna insuportavelmente crítica quando a detentora do Poder de Afrodite se reporta diretamente ao seu adorador e gestor casado e este a beneficia com promoções e aumentos de mérito, além de um tratamento humano diferenciado com relação aos demais funcionários. Ou seja, ele se torna um adorador de Afrodite não profissional. Fim de carreira na empresa, definitivamente.
- Muito dificilmente a imagem profissional, interna e no mercado de trabalho, de um adorador de Afrodite continua incólume, qualquer que seja o seu cargo na empresa e, em especial, nos cargos de comando, quando essa adoração se dá de forma imprópria.
- O risco de qualquer profissional se ver envolvido pelo Poder de Afrodite está presente e pode ocorrer a qualquer momento, mesmo com aqueles casados que gozam de grande reputação interna quanto à sua moral, seriedade, responsabilidade profissional e integração com a família. Assim, mantenha-se vigilante e nunca diga "desta água não beberei"! Lembre-se da teoria que afirma: "O homem, como animal mamífero, tem o instinto poligâmico, e por condicionamento social (educação, valores culturais, religião, leis, costumes) ele é monogâmico. Mas o Poder de Afrodite o abala e seduz exatamente em seu instinto natural, dominado e tolhido pelo condicionamento social".

- Problemas conjugais instigam e aceleram a atração pelo Poder de Afrodite no ambiente de trabalho. Isso é um desenvolvimento natural da situação doméstica que provoca carência afetiva e frustrações ao funcionário, que começa, assim, a se tornar altamente vulnerável, aumentando perigosamente suas ações de conquista. Geralmente, o convívio com muitas detentoras desse poder no trabalho é mais intenso em termos de relacionamento e número de horas do que o proporcionado pelo ambiente doméstico.
- Cargos de comando são alvos frequentes do foco de atenção das detentoras do Poder de Afrodite, que buscam provocar sua adoração pelos gestores visando a obtenção de apoio profissional, segurança, carreira e mesmo um comprometimento mais sério e duradouro.
- Mesmo os mais altos escalões hierárquicos das empresas, como presidentes e diretores, podem se deixar envolver pelo Poder de Afrodite. E isso traz complicações nas relações trabalhistas das mais delicadas e complicadas. Entretanto, a seu favor eles têm o poder de comando e, não raras vezes, os casos são tratados como "despercebidos" por todos e os funcionários se limitam às fofocas nos intervalos de café feitas bem ao pé do ouvido. Razões? Óbvias! E você poderá perguntar: "E como ficam os códigos de conduta e ética, os valores morais e culturais da empresa?". Continuam valendo para os demais funcionários!
- Há gestores que se sentem tão confiantes e seguros na empresa que se envolvem com várias detentoras do Poder de Afrodite simultaneamente, à custa de descalabros nas relações trabalhistas, como oferecimento de promoções, aumentos salariais e segurança no trabalho. Mas um dia se deparam com uma dessas detentoras que não aceita as condições para o esquema e se rebela. Aí, o nosso amigo gestor se vê envolvido em uma grande

enrascada perante a administração da empresa e, com muita probabilidade, perante a família.

- Muitas tramas organizacionais internas, como tentativas de derrubar ou fazer ascender executivos e outros profissionais visando provocar mudanças na estrutura e hierarquia, são deflagradas tendo como pano de fundo as relações originadas da atração e sucumbência ao Poder de Afrodite.
- Muitos adoradores do Poder de Afrodite tiveram suas carreiras na empresa encerradas, bem como sua imagem no mercado de trabalho destruída, pelo fato de revelar ao seu melhor amigo na empresa o segredo de sua relação, segredo este que, algum tempo depois, resultado de traição desse melhor amigo, se espalhou em toda a empresa, chegando até ao seu superior. Há algum amigo em quem você, adorador de Afrodite, pode confiar no ambiente de trabalho? Não, não mesmo!
- Ah! O Poder de Afrodite das mulheres brasileiras é reconhecido internacionalmente. E isso leva muitos executivos internacionais a se envolver e se sentir atraídos, passando a grandes adoradores. Os riscos são potencialmente os mesmos – prejuízos à imagem, carreira, segurança no emprego. Mas raros casos são levados ao conhecimento das matrizes internacionais. Assim, se confirma o conceito de que, quanto mais alto o cargo desses adoradores, mais "cegos", "surdos" e "mudos" devem se tornar os funcionários da empresa.
- A ingenuidade é, talvez, o comportamento em que o adorador de Afrodite mais se trai, principalmente se for adorador de primeira viagem. Este pensa estar mantendo segredo e discrição, mas dá bandeira o tempo todo, pelos olhares de peixe morto e por não resistir a ficar longe por muito tempo da colega de trabalho que detém o Poder de Afrodite. Aí, a fofoca se espalha até chegar a seu chefe. Em sua ingenuidade, procura manter segredo

e discrição, mas, acidentalmente, é visto entrando em um motel, flagrado em uma viagem ou jantando à luz de velas em um restaurante caro, por outro funcionário da empresa. E este não vê a hora do expediente de trabalho do dia seguinte para espalhar a novidade. Ele está tão loucamente dominado pelo Poder de Afrodite que se lança à aventura, cego às consequências que logo advirão. Nem consegue manter discrição ou esconder sua adoração, apesar de acreditar no contrário.

- Há situações em que um funcionário pode ser altamente prejudicado por confiar na secretária de um executivo (seu chefe!) ou outra funcionária do setor, e a ela canalizar informações e reclamações pessoais ou da equipe de trabalho contra esse mesmo chefe. Mesmo que esses comentários sejam apenas um desabafo ou até uma troca de ideia de como um determinado problema poderia ser resolvido, o funcionário pode ser alvo e vítima de grave intriga. De repente, esse funcionário começa a sentir uma mudança radical no tratamento que o chefe costumava lhe dar. Ele se torna mais duro, mais exigente, começa a pedir o cumprimento de objetivos difíceis de serem alcançados ou mesmo promove alterações organizacionais que afetam diretamente o pobre funcionário. Este, desmotivado, acaba sendo demitido. Mais tarde, descobrirá que a tal secretária ou a funcionária do setor a quem ele confiara as informações ou reclamações já tinha subjugado o chefe com o seu Poder de Afrodite e a ele canalizava, a seu modo, essas queixas. Assim, cuidado com a pessoa a quem você fizer comentários sobre o chefe. Tenha a certeza de que ela não exerce o seu fantástico "poder" sobre ele.
- Há empresas em que um determinado gestor pode gozar de um prestígio além do normal junto a um membro forte da alta administração. Isso pode ocorrer por várias razões, e uma delas, muito comum, é

uma extraordinária dedicação à empresa por longos anos de casa, em especial às solicitações do seu superior, um homem forte no comando da empresa. Essa "extraordinária dedicação" pode se tornar não profissional e cair no nível de bajulação, se estendendo, inclusive, ao cumprimento de assuntos particulares e familiares. Esse gestor passa a gozar de uma confiança irrestrita junto ao homem forte do comando e, assim, a ter um poder especial dentro da empresa, como entregar qualquer funcionário que se oponha aos seus interesses. Assim, passa a ser temido por todos os funcionários. Essa situação é comum em ambientes de trabalho não profissionais, mas pode ocorrer, raramente, em empresas com alto nível de profissionalização. Bem, se sentindo assim superprotegido, esse gestor se vê no direito de se entregar à adoração de Afrodite de forma bem aberta e de atropelar as boas práticas de relações trabalhistas, como promover sua parceira para cargo para o qual não estava preparada, dar-lhe periódicos aumentos de mérito, levá-la a um tratamento diferenciado e até mesmo contratar seu filho incompetente para uma função. Não raras vezes, se ausenta do local de trabalho com ela para uma "rápida visita de negócios" a um motel sob os olhares complacentes e assustados dos funcionários. Afinal de contas, quem se atreveria a levar alguma informação sobre ele ao homem forte de comando da empresa? Nesse caso, se a empresa tiver canais de acesso confiáveis para denúncias contra violações ao código de ética e conduta, os funcionários podem se utilizar dele. Se não tiver, fique esperto!

- Os envolvimentos e relacionamentos decorrentes do Poder de Afrodite no ambiente de trabalho, as tramas que se estabelecem, os desvios que provocam nas relações trabalhistas, a agressão aos códigos de ética e conduta, os impactos que geram no moral dos funcionários podem apresentar várias características, como: assumir proporções internacionais nas várias unidades da empresa, originar escândalos nas portas das fábricas, envolver situações de promiscuidade e orgias, originar-se da vaidade humana, ser frutos do poder de comando, poder destruir famílias e dilapidar patrimônios. Tudo isso apesar de sua maior característica – a aceitação e concordância bilateral. E por falar em dilapidar patrimônio, esse efeito está presente na maioria dos casos, em razão da elevação das despesas extras que se criam com as aventuras amorosas.

- Potencialmente, o Poder de Afrodite pode fazer sucumbir, em maior ou menor escala, qualquer funcionário da empresa: ocupante de cargo de gestão ou pertencente ao quadro normal; de grande conceito de seriedade e responsabilidade profissional ou irresponsável; elevado conceito de desempenho e dedicação ao trabalho ou relapso; orientado para a família ou desintegrado; com elevado salário e nível social ou baixo poder aquisitivo e nível social. O diferencial será sempre a maneira como os funcionários controlam seus instintos, digamos, "naturais", através do condicionamento psicológico de uma vida em sociedade (educação de berço, valores familiares, valores éticos e culturais, educação religiosa, observação das leis, costumes). Assim procedendo, ele se manterá monogâmico e invulnerável ao Poder de Afrodite.
- Muitas mulheres com especiais poderes de Afrodite se dão muito bem em suas carreiras no ambiente de trabalho e galgam postos e benefícios acima das demais ou até conseguem casamentos que são verdadeiros contos de fada. Outras, nem tanto. Por outro lado, algumas pagam um alto preço, justa ou

injustamente, por se envolver em aventuras amorosas não apropriadas no ambiente de trabalho.

Com apenas esses vinte casos, quantas lições pudemos tirar, não?

Em resumo

Bem, em resumo, meu caro amigo, se você é casado, fato agravado por ser um gestor, saiba que a adoração e a submissão ao Poder de Afrodite no ambiente de trabalho poderão denegrir a sua imagem profissional, internamente e no mercado, prejudicar sua carreira e levá-lo a uma insegurança no emprego, inclusive com a possibilidade da rescisão do seu contrato de trabalho. Isso, além das consequências em nível doméstico, que podem assumir proporções sérias, críticas, graves e até letais! Se você quer preservar estes dois tesouros – emprego e família – fuja à tentação de Afrodite. Isso não quer dizer que você, como gestor, vai discriminar as "poderosas" no processo de seleção. A seleção tem que ser sempre profissional, valorizando o talento e o domínio das competências para o cargo, independentemente de a candidata ser "poderosa" ou não. Mas se você é daqueles gestores que procuram sempre dar preferência às funcionárias "poderosas", mesmo com competência e talento, você já iniciou um processo de tentação que poderá levá-lo ao culto e à submissão ao Poder de Afrodite. No final deste livro você encontrará um teste que demonstrará o seu grau de vulnerabilidade com relação a esse extraordinário poder.

Alerta aos solteiros

Não pense você, meu amigo solteiro, que pode ficar imune e obter um salvo-conduto para adorar Afrodite no ambiente de trabalho sem nenhuma condição ou restrição. Se você se envolver com uma colega de trabalho casada, adotar um comportamento de promiscuidade, como o envolvimento com várias funcionárias ao mesmo tempo, ou se for gestor e se relacionar com uma funcionária sua, mesmo solteira, beneficiando-a com promoções e aumentos salariais injustificados e lhe dando um tratamento diferenciado das demais funcionárias, você será enquadrado da mesma forma. E sua imagem, carreira e segurança no trabalho ficarão comprometidas. Se iniciar um envolvimento com uma funcionária de reporte direto ou indireto, dê ciência ao seu superior e analise a melhor forma de tratar a situação. A transferência da funcionária para outro setor é sempre uma decisão profissionalmente correta e adequada.

O Poder de Afrodite e o assédio sexual

"Gostosa!". Se uma mulher ouvir isso quando estiver passando pela rua, ela pode se sentir lisonjeada ou constrangida. Mas se ela ouve isso do seu chefe – junto com cantadas ou propostas indecentes (mesmo as de um milhão de dólares!) e com ameaças de perder o emprego –, é crime!

O assédio sexual no local de trabalho consiste em cantadas explícitas ou insinuações constantes de cunho sensual ou sexual, sem que a assediada o deseje.

Ou seja, é a "forçada de barra" para conseguir prazeres sexuais. Essa atitude pode ser clara ou sutil, ser falada ou apenas insinuada, ser escrita ou explícita com gestos, vir em forma de coação ou em forma de chantagem (exemplos: promessa de promoção, aumento salarial, ameaça de desligamento) até que a assediada ceda.

Então, você poderá estar perguntando: "Não se pode mais paquerar uma colega de trabalho?".

Claro que pode! Nada impede que dois colegas de trabalho se apaixonem e, muitas vezes, até se casem e formem uma família. Dar uma cantada na colega de trabalho só pode receber duas respostas: sim ou não. Se você receber um "sim", vá em frente que não há crime nenhum nisso, desde que você seja um homem livre ou se quiser assumir, no caso de ser um homem comprometido, os riscos já expostos. Mas, se receber um "não" e passar a perseguir a colega, aí você estará cometendo assédio sexual, cuja característica principal é nunca ser recíproco, ou seja, desejado por ambas as partes. Portanto, o assédio sexual é uma violência moral com o objetivo de alcançar favores sexuais da assediada.

Há algum tempo, os casos de assédio sexual ficavam entre quatro paredes e, dessa forma, não havia como punir o assediador. O que causava isso, muitas vezes (e ainda causa!), é a falta de prova. Nesses casos, a própria assediada tinha que ser testemunha. Se não se fizesse uma escuta telefônica, por exemplo, ou outro tipo de prova, era muito difícil a comprovação. O medo de ser ridicularizada diante de outras pessoas também dificultava a denúncia. Muitas vítimas, pela esperteza de seus chefes, acabavam virando as culpadas. Mas isso vem mudando drástica e rapidamente.

Hoje as mulheres sabem ou são orientadas a tomar atitudes contra os assediadores. Entre elas: dizer não ao assediador com a maior transparência e clareza; contar aos colegas de trabalho o que está se passando com ela e reunir todas as provas possíveis, como bilhetes, anotar os nomes de colegas que possam servir de testemunhas, presentinhos oferecidos, entre outros; contar à chefia hierarquicamente superior ao assediador, se houver; denunciar ao sindicato da categoria; procurar uma Delegacia da Mulher (ou uma delegacia comum) e apresentar a queixa.

Atenção, chefes! Saibam que só são punidas por crime e enquadradas na lei penal as pessoas superiores à funcionária assediada na escala hierárquica da empresa.

Em socorro e defesa das "poderosas" e das "menos poderosas", o Governo publicou a Lei n.º 10.224, de 15 de maio de 2001. Um reparo: na verdade, todas as mulheres são "poderosas" quando se trata de assédio sexual e exercício do Poder de Afrodite. O que varia são os tipos de adoradores com que elas se deparam e enfrentam no ambiente de trabalho (e naturalmente em todas as suas atividades externas!).

Trata-se de uma lei de texto curto, mas de grande repercussão social e que vem agitando as ações nos tribunais.

O PRESIDENTE DA REPÚBLICA. *Faço saber que o Congresso Nacional decreta e eu sanciono a seguinte Lei:*

Art. 1º O Decreto-Lei nº 2.848, de 7 de dezembro de 1940 – Código Penal, passa a vigorar acrescido do seguinte art. 216-A:

'Assédio sexual'

Art. 216-A. Constranger alguém com o intuito de obter vantagem ou favorecimento sexual, prevalecendo-se o agente da sua condição de superior hierárquico ou ascendência inerentes ao exercício de emprego, cargo ou função.

Pena – detenção, de 1 (um) a 2 (dois) anos.

Parágrafo único. (Vetado).

Art. 2º Esta Lei entra em vigor na data de sua publicação.

Brasília, 15 de maio de 2001; 180º da Independência e 113º da República.

FERNANDO HENRIQUE CARDOSO

Mas passar cantada e insistir não são uma coisa natural do homem?

Essa é uma bandeira do machismo dos homens. Mas não deixa de ser uma balela dessa tal cultura machista.

Homens e mulheres são iguais e têm direitos iguais. A cultura de que o "homem sempre está à procura de sexo e que mulher difícil é mulher mal cantada" nada mais é que pura arrogância e prepotência do machismo. Não é um fato natural.

Na realidade brasileira, a discriminação em razão de sexo nas relações de trabalho é, ainda, constante e de muita expressão. Isso ocorre, principalmente, porque as pessoas assediadas, em especial as do sexo feminino, muito dificilmente recorrem ao Judiciário em defesa de seus direitos e reparação das violações sofridas, até pela falta de crença que muitas delas têm na justiça, além de uma sentença final poder ser duvidosa quanto ao mérito e à punibilidade.

Apesar de não perfeita na visão de muitos juristas nacionais, há que se reconhecer que a lei cria uma nova figura de pena no direito penal que, certamente, poderá ser importante na correção de rumos das práticas e políticas de relações de trabalho nas empresas. E isso já está acontecendo. Essa lei já está funcionando como instrumento de pressão para que as empresas estabeleçam políticas e procedimentos de combate e prevenção do assédio sexual em seus quadros de funcionários.

Assédio, na língua portuguesa, significa "insistência importuna, junto de alguém, com perguntas, propostas, pretensões ou outra forma de abordagem forçada". Assim, o assédio sexual é o ato de constranger alguém com gestos, palavras ou com emprego de violência e ameaças, prevalecendo-se de relações de confiança, de autoridade empregatícia, com o escopo de obter vantagem sexual.

Para se materializar o assédio sexual, o assediador deve apresentar esse comportamento subsequentemente à não aceitação da proposta de caráter sexual. Se a outra parte não se mostra inclinada a aceitar a proposta, ou manifestadamente a recusa, e mesmo assim continua sendo abordada no mesmo sentido, nesse momento surge a figura do assédio sexual. Aí haverá uma agressão à liberdade da assediada, que, obviamente, não é obrigada a manter relações sexuais com quem não deseja. Entretanto, a prova desse tipo de crime é das mais difíceis e a jurisprudência brasileira registra inúmeros casos em que o resultado é desfavorável para a pessoa assediada quando há apenas a palavra de um contra a do outro.

Pesquisas feitas por diversas entidades mostram que a maioria das mulheres não denuncia o assédio sexual por vários motivos, entre eles o temor de represálias ou retaliações, tais como: medo de perder o emprego ou serem rebaixadas de função; medo de serem transferidas; exposição ao ridículo diante dos colegas de trabalho, familiares e amigos; medo de perder a carta de referência; simples dificuldades de se expressar e por não acreditar que o problema será tratado de maneira eficaz. Essas pesquisas mostram, ainda, dados interessantes – 60% das pessoas que cometem assédio sexual são de classe mais alta e 15% das mulheres que se recusaram ao assédio sofreram represálias, como: demissão, perda de promoção, transferência, ambiente hostil, entre outras. Essas mesmas pesquisas demonstram que 99% das vítimas de assédio sexual são mulheres. Assim, o assédio sexual de mulheres contra os homens pode ocorrer, mas é de extrema raridade.

Alguns estudiosos do direito que trataram desse tema após a publicação da lei acreditam que a inclusão no direito penal do crime de assédio sexual foi um equívoco dos legisladores. Entendem eles que o mais correto seria sua consideração no direito civil e na legislação trabalhista, assegurando-se a possibilidade de a ofendida procurar reparação do dano moral, incluindo a responsabilidade da empresa que tinha ciência ou deveria ter ciência do assédio praticado. Igualmente, deveria prever procedimentos confiáveis para que a empregada assediada pudesse reclamar da prática do assédio sexual dentro da própria empresa onde trabalha, garantindo-lhe segurança e confidencialidade. A possibilidade de a empresa ter que responder conjuntamente com o empregado pelos danos do assédio sexual faria com que a empresa se dedicasse mais a controlar e prever esse tipo de incidente.

De qualquer forma, o advogado da parte ofendida encontra no direito civil e na legislação trabalhista preceitos legais que podem lhe dar amparo para postular o dano moral e a responsabilidade solidária da empresa, dependendo das circunstâncias de cada caso. Outros estudiosos do direito, entretanto, concordam com a inclusão do crime de assédio sexual no Código Penal, sem prejuízo de o direito civil e legislação trabalhista tratarem, igualmente, desse assunto. Assim, a garantia legal se daria nesses três ramos do direito.

Para quem ficou curioso a respeito do veto, pelo presidente, ao parágrafo único do artigo 216-A da lei, este se referiu às relações trabalhistas entre empregador doméstico e empregada doméstica, às quais o crime de assédio sexual não se aplica. Interessante, não? Mas isso não quer dizer que o patrão está autorizado a assediar sexualmente sua empregada doméstica, uma vez que existem outras implicações legais que dão garantias às empregadas assediadas sexualmente.

Em resumo, sob a ótica do direito do trabalho, se o assédio sexual for da iniciativa de um empregado em relação a uma colega de trabalho, poderá ao assediador ser aplicado o artigo da justa causa da CLT, com a sua dispensa da empresa. Se o assediador for o empregador ou outro superior hierárquico, a empregada assediada poderá pleitear a rescisão indireta do contrato de trabalho, com direito à percepção de todos os seus direitos trabalhistas. Tanto no caso do empregado assediador como empregador assediador, o pleito da empregada assediada poderá, também, versar sobre indenização por danos morais nos tribunais trabalhistas. No caso de ser a empresa a demandada pela empregada assediada, a empresa poderá utilizar o direito de regressão, ou seja, através de uma ação contra o empregado assediador demandar o ressarcimento dos danos patrimoniais por ele provocados.

Mas os atraídos pelo Poder de Afrodite devem ter plena consciência das consequências que poderão advir no ambiente de trabalho se incorrerem no crime de assédio sexual. Como já falamos, essas consequências são o detrimento de sua imagem pessoal e profissional interna e no mercado de trabalho, a insegurança no emprego, podendo culminar com desligamento por justa causa e sem os direitos trabalhistas, além de processos judiciais para pagamento de danos morais. Por sua vez, a funcionária assediada sexualmente poderá sofrer efeitos emocionais degradantes que podem impactar o seu desempenho na função, prejudicar suas relações com os colegas de trabalho, causando-lhe um trauma psicológico e outras sequelas que poderão acompanhá-la para sempre em seu íntimo.

Neste item procuramos reunir algumas informações sobre as consequências na área das relações trabalhistas na empresa, além das consequências previstas na legislação penal, civil e trabalhista para o empregado assediador. Não tivemos a pretensão de esgotar o assunto de assédio sexual, uma vez que esse não é o objetivo maior deste trabalho. Apenas procuramos dar um rápido verniz no assunto para demonstrar como uma aventura amorosa no ambiente de trabalho pode tomar proporções graves nos aspectos legais, com consequências para sua liberdade, seu patrimônio, seu emprego e sua família, marcando sua imagem de forma permanente perante a sociedade e o mercado de trabalho.

O Poder de Afrodite no mundo corporativo

Tentar disciplinar este assunto no ambiente de trabalho nas empresas talvez esteja perto de uma “missão impossível”. O Poder de Afrodite, tão avassalador, tem subjugado poderosos reis, presidentes, governantes, homens de negócios e tantas outras celebridades.

Como meros diretores e gerentes de empresas poderiam se atrever a estabelecer regras para o controle de Afrodite no ambiente de trabalho? Veja que não estamos tratando neste livro da figura do crime de assédio sexual. Para este crime as empresas, de uma forma geral, estão estabelecendo regras de conduta e se protegendo em cláusulas específicas nos contratos de trabalho, deixando claro para os assediadores que a empresa não tolerará o assédio sexual nas relações de trabalho. Estão também cuidando legalmente para que os funcionários assediadores assumam todas as responsabilidades, penais, civis e trabalhistas pelos seus atos, inclusive as que originarem valores relativos a danos morais.

O nosso trabalho enfoca o adorador de Afrodite comprometido que é dominado pelo Poder de Afrodite no ambiente de trabalho e a ele se entrega em frenética adoração, colocando em risco sua imagem profissional interna e no mercado de trabalho, sua segurança no emprego e sua carreira, além de sofrer as consequências em nível doméstico com sua família.

Assim, fica muito complicado para uma empresa estabelecer regras específicas para essa situação, como incluir em seu regulamento do trabalho cláusulas como: "Ao funcionário casado é terminantemente proibido se deixar dominar pelo Poder de Afrodite no ambiente de trabalho, independente da situação civil da detentora desse poder, em especial, mas não exclusivamente, os funcionários em cargos de gestão. Essa situação será considerada antiética, imoral e ilegal e o funcionário adorador de Afrodite estará sujeito à demissão sumária por justa causa".

Mas sob essa eventual cláusula, caso inserida no regulamento da empresa, como ela se aplicaria nas duas situações seguintes?

1. Alberto é um gerente de pesquisa e desenvolvimento de produto, homem-chave na estratégia de negócios da empresa, uma vez que, através de seu trabalho e talento, novos produtos são desenvolvidos e lançados no mercado, gerando milhões de reais no faturamento da empresa. Além disso, Alberto sempre foi reconhecido como um homem honrado, honesto, ético, responsável e de extraordinária dedicação à empresa. Porém, o ambiente em sua casa não está bem. Há problemas de relacionamento com sua esposa. Alberto admite uma estagiária "poderosa" e sua adoração por Afrodite se manifesta logo nas primeiras semanas de trabalho dela. Em poucos meses, ele está envolvido nessa adoração e se entrega de corpo e alma ao Poder de Afrodite. Ele procura, e consegue, transferir a moça para outro setor e, assim, ela deixa de se reportar a ele diretamente. Logo começam os comentários, e seu diretor fica sabendo. E agora? O diretor deve dispensar Alberto?

2. Francisco é um gerente de produção, entre vários outros gerentes de produção existentes na empresa. Ele é, reconhecidamente, um adorador de Afrodite e não perde uma oportunidade de acrescentar à sua lista de adoração novas experiências nesse sentido. Uma nova monitora de produção, recentemente contratada, chama a atenção de toda a empresa pelo forte Poder de Afrodite que possui. Ela logo também chama a atenção de Francisco, e, assim, ambos acabam se envolvendo. Francisco é casado e tem um bom ambiente doméstico. Ele exerce um cargo importante, mas não é tão vital para a empresa, uma vez que, caso seja demitido, outros gerentes de produção podem assumir suas funções, mesmo que temporariamente. Ele é um funcionário de desempenho normal e cumpre suas obrigações. Esse desempenho poderia ser melhor, mas ele se lastreia nos 25 anos de casa para se permitir um comportamento não tão dedicado. O ambiente de trabalho nem liga muito para o caso, pois a fama de adorador de Afrodite de Francisco é conhecida por todos. Seu diretor fica sabendo por acaso desse relacionamento. E agora? Esse desligamento seria mais óbvio e facilitado do que o exemplo anterior? O diretor deve dispensar Francisco?

Para demonstrar, ainda mais, como esse assunto é complicado, alguns adoradores de Afrodite agem acreditando que esse comportamento é de foro íntimo e particular e que sua privacidade deve ser respeitada pela empresa. O que faria o diretor se um adorador casado se posicionasse desta forma:

"Eu sou responsável, cumpro todos os meus deveres na empresa, trabalho todos os dias além do horário normal de expediente, atinjo os objetivos e metas estabelecidas para o meu cargo. Realmente, estou me relacionando com uma funcionária, mas em nenhum momento tomei atitudes que possam ser consideradas não profissionais em minhas relações trabalhistas com ela, quer quanto a promoções, aumentos salariais, desempenho ou tratamento diferenciado. No ambiente de trabalho, nós procuramos nos ignorar. Eu creio que esse assunto é de foro íntimo e minha privacidade deveria ser respeitada pela empresa". Meu Deus! A que ponto o Poder de Afrodite dá coragem a um homem! E agora? O diretor deve dispensar esse funcionário?

O que algumas empresas fazem, então? Bem, esse comportamento inadequado para as boas relações trabalhistas é inserido de forma implícita nas regras e códigos de conduta, ética e valores morais e culturais da empresa. É mais ou menos aquela situação em que nenhuma norma da empresa estabelece que é proibido roubar, matar, estuprar, fazer sexo e outras mil situações no ambiente de trabalho.

E o que falar quando a submissão ao Poder de Afrodite se dá em nível de um presidente, diretor ou gerente da empresa? Situação rara ou impossível? O que você acha?

A experiência vivida por muitos colegas meus que atuaram em recursos humanos mostra que esses casos são muito mais comuns do que a maioria das pessoas possa imaginar. Seria essa a razão para as empresas não estabelecerem regras tão claras e transparentes contra o Poder de Afrodite? Não, não é por aí, não. O problema é que é impossível controlar e disciplinar essa situação. Assim, cada caso é um caso. Na verdade, são levados em consideração vários aspectos, como: o impacto do relacionamento amoroso no ambiente de trabalho; o grau de conhecimento geral do caso pelos funcionários; a atitude e o comportamento dos funcionários envolvidos; a falta de profissionalismo nas relações trabalhistas adotadas pelo gestor adorador de Afrodite; os prejuízos para as operações da empresa; a pressão exercida pelos que se sentem prejudicados; a reincidência dos fatos; o conceito moral do funcionário; a importância de seu cargo para a empresa, e tantos outros fatores.

Entretanto, estabelecer um limite que evite a ocorrência desses casos e prejuízos ao ambiente de trabalho da empresa e ao desempenho dos envolvidos é uma questão que tem desafiado os dirigentes e especialistas de RH. Na verdade, os relacionamentos amorosos, quer entre pessoas "livres" ou "comprometidas", são imprevisíveis, uma vez que amor e paixão são sentimentos que podem variar de um mar de rosas a fortes tempestades, pelas características de altos e baixos que representam. Nesse rumo entre o "céu" e o "inferno" que o caso pode tomar, o nível de desempenho dos profissionais e os problemas de relações trabalhistas podem afetar significativamente o ambiente de trabalho, para o mal ou para o bem. Quando se trata de "casos proibidos" entre funcionários "comprometidos", com certeza afeta para o mal as relações trabalhistas.

As empresas, de uma maneira geral, enfrentam essas situações reais. O problema é se o gestor pode ou não orientar seus funcionários sobre como lidar com relacionamentos amorosos no ambiente de trabalho. Eu acredito que sim, que ele pode ou dar orientações e sua posição profissional a respeito de como entende e como reagirá a exageros nas relações amorosas entre funcionários, "livres" ou "comprometidos". E ele pode fazer isso preventiva ou reativamente. Chamar a atenção para a necessidade das boas relações trabalhistas, da moral no ambiente de trabalho, da maturidade pessoal, dos cuidados com a imagem profissional, com a carreira e com a própria segurança no emprego fará com que os funcionários saibam dos riscos a que estarão expostos quando se envolverem em relacionamentos amorosos não apropriados, em especial os adoradores de Afrodite sabidamente já comprometidos.

O ambiente de trabalho é, talvez, o que mais está propenso à geração de relacionamentos amorosos, "permitidos" ou "proibidos". As horas despendidas no exercício das responsabilidades do cargo ocupam a maior parte do tempo em que permanecemos acordados. O seja, a maior parte de nossa vida se encontra no ambiente de trabalho. Uma consequência natural disso é que um número significativo de casamentos tem origem no ambiente de trabalho e, naturalmente, também um número significativo de divórcios!

Nossa experiência e pesquisa feita junto a colegas de RH mostram que:

- Muitas empresas não aceitam os relacionamentos amorosos no ambiente de trabalho, mesmo os considerados "livres" (o que se dirá dos considerados "comprometidos"!), por acreditarem que os problemas dos casais formados por colegas de trabalho afetam diretamente a produtividade, as relações trabalhistas e o profissionalismo.
- Muitas das empresas não têm certeza de como tratar esses casos, principalmente as "exceções" criadas pelos funcionários "comprometidos" que se converteram à adoração por Afrodite.
- Poucas empresas têm regras claras e definidas sobre o que fazer ou o que não fazer em tais situações.
- Muitas dessas empresas, porém, levam em conta os problemas de relações trabalhistas, os prejuízos decorrentes da queda de desempenho, da produtividade e dos lucros, os impactos no ambiente de trabalho, as violações ao código de ética e conduta e aos valores culturais e morais estabelecidos, quando das decisões sobre o que fazer nessas situações.
- Outras adotam uma postura clara de abordagem direta e franca do problema, alertando o funcionário em relacionamento amoroso "proibido" sobre as consequências desse comportamento. Isso se já não optarem por uma demissão imediata.
- Incluir esse assunto de forma transparente e objetiva nos programas de treinamento e desenvolvimento de gestores é uma ação positiva de prevenção ao problema. Mas, para isso, há que se ter coerência de atitude dos postos de direção e gerência da empresa. Se o exemplo negativo vier de cima, esses programas não terão nenhuma

eficácia. E esses exemplos são muito comuns, muito mais do que se pensa! Afinal de contas, o Poder de Afrodite é de extraordinária força e abrangência e não poupa nem os escalões mais altos das empresas.

- É muito comum a adoção pelas empresas da política de não permitir o relacionamento amoroso entre colaboradores (estamos falando dos relacionamentos entre pessoas "livres") quando há algum grau de subordinação entre eles ou, ainda que indiretamente, possa influenciar nas atividades da parceira. Há empresas, ainda, que proíbem qualquer relação de parentesco ou intimidade com seus executivos. Se acontecer, um deles terá que deixar o emprego. Essas regras servem de base, igualmente, para análise dos casos de envolvimentos amorosos entre pessoas "comprometidas", em situações especiais em que a empresa é mais tolerante e a discrição, o sigilo, o profissionalismo e as relações trabalhistas não foram afetadas. Servem também de melhor conveniência para a empresa quando se trata de casos de alto escalão ou de grande importância estratégica para os resultados empresariais.

Os relacionamentos amorosos entre colegas de trabalho têm aumentado de maneira expressiva. E isso não é novidade, por ser um fato natural das regras de relacionamento humano – tendemos a nos relacionar com as pessoas que estão próximas e com as que conhecemos. Mas o que está crescendo de maneira significativa são os casos de relacionamentos extraconjugais, e isso vem provocando um número muito grande de divórcios, tanto é que a média atual do tempo de vida de um casamento se situa ao redor de dez anos. Além do fator da irresistível atração pelo Poder de Afrodite, tanto o homem quanto a mulher, mesmo casados e com uma vida profissional estabilizada, ainda sentem carência, e muitas vezes buscam novidade no ambiente de trabalho, o que é facilitado pela convivência frequente que o ambiente corporativo oferece. Reflexo ou não do enfraquecimento da instituição do casamento, a infidelidade está aí para desafiar homens e mulheres, se constituindo em um difícil desafio para os gestores de pessoas nas empresas.

Correio eletrônico

Enquanto desenvolvia este trabalho, recebi diversos e-mails de pessoas interessadas em esclarecer suas dúvidas a respeito do tema. Assim, estou respondendo, em aberto, a vários deles para que todos possam acompanhar melhor as questões importantes suscitadas pelo fenômeno natural da adoração e submissão ao Poder de Afrodite.

Prezado estudioso do Poder de Afrodite:

Sou presidente de uma grande organização multinacional e registramos diversos casos de adoração a Afrodite em nosso ambiente de trabalho com desagradáveis repercussões nas relações trabalhistas. Como podemos melhor controlar e diminuir o Poder de Afrodite em nossa empresa?

Senhor presidente ou dear Mr. President (como diria a Marilyn Monroe!): uma parte significativa das empresas não tem uma política formal e amplamente divulgada sobre sua posição com relação aos funcionários que se deixarem subjugar pelo Poder de Afrodite. Muitas preferem ignorar os casos que surgem e somente intervêm quando impactos muito negativos surgem nas relações trabalhistas. Essas empresas entendem que esse assunto está implícito no código de ética e valores morais da empresa. Outro aspecto é que, não raras vezes, o exemplo vem de cima, dos próprios presidentes, diretores e gerentes. Assim, não há como conter e controlar esse extraordinário Poder de Afrodite no ambiente de trabalho. Se sua empresa realmente quiser fazer um trabalho sério nesse sentido, deve formular uma política formal sobre as várias nuances do assédio sexual e as consequências nas relações contratuais entre a empresa e os funcionários que contrariarem essa política. Para evitar que alguns se defendam com base na ignorância das normas da empresa, recomendo um programa de treinamento específico sobre esse assunto e, ao final, a assinatura em um comprovante de frequência ao treinamento, em que o tema tratado seja registrado e definido. Mas lembre-se: se os diretores e gerentes não derem o exemplo e se deixarem tentar pelo Poder de Afrodite, o que muito provavelmente ocorrerá, trate esse assunto como tabu e não formalize política alguma, para que a empresa não se desmoralize perante os funcionários com a hipocrisia da norma. Programas da empresa que estimulem as visitas das esposas e filhos aos locais de trabalho dos funcionários podem ajudar na prevenção desse problema, uma vez que exporiam e reforçariam aos funcionários da área o conceito de "família que deve ser preservada".

Respeitável filósofo do Poder de Afrodite:

Sou esposa de um diretor de uma importante empresa multinacional. Eu fiquei sabendo que na empresa onde o meu marido trabalha o ambiente parece ser muito propício para que funcionários menos cautelosos sejam atraídos pelo Poder de Afrodite. Inclusive, confesso que vejo o meu marido com muita vulnerabilidade nesse aspecto. É comum eu flagrá-lo admirando as moças que passam na rua com calças apertadas e blusas decotadas. E isso eu constato sempre que estamos juntos. Fico imaginando como ele é quando eu não estou presente! Quando chamo sua atenção, ele diz que é impressão minha e que ele estava, apenas, atento à movimentação dos pedestres, uma vez que atropelar pessoas dá muitas complicações legais. Mas não sei, não. Uma coisa é ficar atento aos pedestres, outra é ficar com aquele olho de peixe morto que ele fica quando passa um mulherão na rua! O que o senhor me aconselha? Devo investigar melhor isso para ter certeza de que meu marido já é um adorador de Afrodite?

Minha querida admiradora: veja bem, se a senhora já tem esse sentimento com relação ao seu marido somente por observar seu comportamento na rua, pode ter a certeza de que no ambiente de trabalho ele deve estar bem mais atuante com relação a admirar as colegas de trabalho com especiais atributos físicos, aquele corpão escultural, entende? A senhora terá que ponderar bem sobre as vantagens da investigação e o que fará com os resultados. Se forem negativos, que ótimo! Mas e se forem positivos? Vai armar um barraco e deixar para lá? Vai passar a ser um "cão de guarda" em cima dele para evitar a contaminação pelo Poder de Afrodite? Vai pedir o divórcio, quebrando a rotina da família? E, nesta última hipótese, a senhora está preparada para perder boa parte das mordomias garantidas pelo seu marido? Ele, apesar disso, é um bom marido, um bom pai? Ou a senhora é uma mulher para quem a honra e a moral estão acima de tudo e prefere tocar a vida sem ele a ficar sob essa humilhação? E, caso se concretize a separação do casal, encontrará, com certeza, outro homem imune ao Poder de Afrodite? Ou vai preferir passar o resto de sua vida sem nenhum companheiro? Na verdade, eu não estou aconselhando nada e não teria condições de aconselhar nada. Procurei somente alertar para alguns pontos importantes a serem considerados ao se deparar com essa situação.

Admirável guru do Poder de Afrodite:

Eu sou uma mulher jovem e tenho planos para me casar. Como devo escolher um homem em quem eu possa confiar sempre e ter a certeza de que ele nunca, nunca mesmo, se deixará dominar pelo Poder de Afrodite? Para mim, fidelidade é tudo em uma relação estável e eu não aceitaria me casar com nenhum homem em que eu não tivesse confiança nesse aspecto. Acenda uma luz em meu caminho matrimonial!

Minha jovem e preocupada amiga: boa pergunta essa. A resposta é que é muito difícil de ser dada. Mas talvez alguns comentários possam representar a luz que tanto busca. Que homem você está procurando? Um homem com "cara de marido" ou um "galã sarado" e disputado por muitas mulheres? Um homem com "cara de marido" pode ser aquele rapaz um tanto tímido, responsável, dedicado no trabalho, que estuda à noite para progredir no emprego, que se joga no trabalho para conseguir bons registros de desempenho e ser bem conceituado na empresa, é simpático mas não bonito e não é disputado pelas mulheres em geral por seu porte físico. Até uma discreta barriga e um início de calvície podem já estar presentes. É uma pessoa muito amável, trata muito bem seus pais, valoriza sua família, não se descontrola e considera a mulher como uma flor a ser muito bem cuidada. Se ele frequenta uma academia, é somente para manter certo preparo físico que o ajude a aguentar sua rotina de estudo e trabalho. Já o outro, o "galã sarado", dispensa maiores comentários. Geralmente se deixa dominar pelo narcisismo. Preocupa-se muito mais com sua beleza física do que com a beleza interior. Minha amiga, não tenha dúvida de que o segundo caso tem muito mais probabilidade de se entregar ao Poder de Afrodite em plena vigência do casamento. Já o primeiro pode até correr algum risco, mas será menos comum. Eu conheci, de verdade, uma situação assim em um dos meus empregos. O gerente de treinamento internacional, um colombiano, trouxe em uma ocasião sua esposa em sua visita ao Brasil. E o impacto na empresa foi enorme. Ele era casado, nada mais, nada menos, com a Miss Colômbia! Esse gerente se enquadrava perfeitamente na descrição que fiz do homem com "cara de marido". Entretanto, a discrepância entre o tipo comum que ele representava e a beleza estonteante de sua esposa era tão flagrante que eu me atrevi a comentar com ela: "Vocês causaram muito boa impressão nos funcionários da empresa no Brasil. Mas posso lhe falar uma coisa? Muitos funcionários estão estranhando uma mulher com sua beleza se casar com um homem, digamos, tão diferente!". E ela me respondeu com a maior tranquilidade: "Eu estava procurando um homem para ser o pai de meus filhos e não um artista de cinema!". Foi em sua resposta que eu me inspirei para identificar esses dois tipos. Em seguida, ela citou as qualidades que via em seu marido, exatamente como descrevi anteriormente. Ajudou, minha amiga?

Meu querido mestre da adoração por Afrodite:

Eu sou jovem, solteiro e já estou passando da hora de me definir por um casamento. Acontece que eu somente me apaixono por mulheres com um belo corpo, lindas pernas e seios enormes. Assim, fico preocupado se não vou "arrumar chifre para a minha cabeça", uma vez que minha noiva é muito badalada na empresa onde trabalha. Na verdade, eu não me preocupo muito se combinamos em gênio e personalidade, se ela tem os atributos para ser uma boa administradora da casa e até uma boa mãe. Para mim, se eu me identificar na cama, eu já me apaixono pela mulher. Será que estou no caminho errado?

Meu focado e bitolado leitor: acho que você pode, sim, estar no caminho errado em se tratando de escolher uma mulher para ser sua esposa e companheira. Eu tenho um amigo que me diz sempre: "A mulher boazuda de hoje será a gorda de amanhã!". E esse meu amigo ainda costumava aconselhar: "Dê uma olhada na mãe da mulher boazuda. Muito provavelmente, ela ficará do mesmo jeito da mãe!". O risco, no caso, é a pretendente olhar para o seu pai e projetar como você será no futuro! De qualquer forma, se você escolher a mulher somente pelos seus predicados físicos atuais, enquanto jovem, com certeza não terá uma esposa assim sempre. E aí, como fica? Você desprezou análises importantes, como compatibilidade de gênio e personalidade, atributos para uma boa administradora do lar e, o que é mais importante, qualidades para ser uma boa mãe. Da mesma forma que no caso anterior, eu aconselharia você a procurar uma mulher com "cara de esposa", ou seja, uma mulher delicada, elegante, que não se preocupe demasiadamente com sua vaidade, não se vista visando chamar a atenção dos homens, valorize o lado humano da vida, o patrimônio intelectual, que seja meiga, discreta, atenciosa, tenha conteúdo no que fala, não goste de vulgaridades, prefira o lado sério e responsável da vida, que tenha um carinho muito especial pelos seus pais e goste de crianças. Isso, mesmo que ela seja magrinha, corpo padrão, seios suficientes para amamentar, não linda e que use óculos com muitos graus!

Além do mais, se você optar pela mulher objeto, aquela do corpo escultural, belas pernas e seios fartos e nada mais, quem pode lhe garantir que ela não vai exercer o seu Poder de Afrodite para atrair um colega de trabalho melhor do que você? Mesmo casada...

Meu estimado conselheiro especialista no Poder de Afrodite:

Minha pergunta é bem simples e direta: como posso fazer para fiscalizar o meu marido para que ele não seja atraído e caia nas malhas do pecado provocado pelo Poder de Afrodite? Uma fiscalização permanente e ativa de minha parte pode realmente funcionar?

Oh, minha prezada fã, que pergunta difícil de ser respondida! Porém, eu tenho a certeza de que muitos homens que estão lendo este livro neste momento esboçaram um sorriso diabólico em seus lábios e, no íntimo de seu consciente, responderam: "Nem que a vaca tussa!". Mas, em alguns casos, uma vigilância ferrenha da esposa ou companheira e um posicionamento firme, reciclado periodicamente, de que não tolerará nenhum deslize da parte do marido ou companheiro quanto à sua predisposição em adorar Afrodite fora das relações da união poderá criar uma barreira psicológica e arrefecer os ânimos dos potenciais adoradores de Afrodite. Isso, entretanto, poderá funcionar em uma minoria dos casos. O que vai mesmo manter seu marido ou companheiro distante dessa ameaça (ou oportunidade?) é o seu grau de condicionamento social (educação, princípios morais, valores culturais, religião, leis, costumes, respeito aos laços familiares) e, obviamente, seu amor pela esposa ou companheira e seu grau de satisfação nas relações íntimas conjugais. Esse condicionamento social e essa satisfação são a maior garantia para que ele opte em ser monogâmico. E como a senhora pretende fazer essa fiscalização? Vai contratar detetive particular? Vai procurar desenvolver amizades com as colegas de trabalho do seu marido ou companheiro na esperança de que elas denunciem qualquer desvio de sua parte? Vai surpreendê-lo nas saídas do expediente, aparecer de repente nas festas de confraternização da empresa realizadas externamente, vai ligar para ele de hora em hora procurando saber onde está e o que está fazendo ou fazer visitas surpresas em seu trabalho? Ou pedirá que ele faça um relatório diário de tudo que fez durante o expediente de trabalho e no período em que se atrasou para chegar em casa além do horário habitual, procurando pegá-lo em contradições? E quando ele estiver em viagens internacionais a serviço da empresa ou mesmo fechado por vários dias em uma convenção de vendas ou seminário promovidos pela empresa? Como é difícil fiscalizar em todas as horas, não? Além do mais, isso não poderá levá-la a um estado de obsessão, roubar horas importantes na rotina de seu dia a dia que poderiam ser dedicadas ao seu lazer, descanso, academia, compras, tirar a sua tranquilidade? Será que fazê-lo sentir o quanto a senhora confia nele nesse sentido, promover um ambiente doméstico favorável e ser uma grande amante de seu marido ou companheiro não surtiriam melhor efeito? Bem, as opções estão aí. Boa sorte em suas tentativas de fiscalização!

Meu respeitável conselheiro para
assuntos Afroditezianos:

Eu sou casado há mais de quinze anos, tenho dois filhos e uma esposa exemplar que adoro. Entretanto, confesso que, ao ler este livro, eu me identifiquei em algumas situações típicas de um adorador de Afrodite no ambiente de trabalho. Por mais que quisesse evitar, eu me vi, às vezes, olhando para uma colega de trabalho, admirando as curvas de seu corpo salientadas em uma calça justa ou uma minissaia. Igualmente, fico contente quando estou conversando com alguma colega de trabalho bonita e bem feita de corpo. Mas nunca passei dos limites e isso nunca me despertou maiores desejos. Serei eu um adorador de Afrodite sem saber?Por favor, tranquilize minha alma!

Meu amigo e fiel marido, fique tranquilo: você não é um adorador de Afrodite. Situações "inocentes" como as apontadas por você são comuns em, pelo menos, 90% dos homens, especialmente nos ambientes de trabalho, em minha estimativa. Adorar Afrodite é uma filosofia de vida, um comportamento permanente do homem que decide adotá-lo e se entregar sem maiores restrições ao Poder de Afrodite. Uma admiração às colegas de trabalho "top de linha" temporária, casual e pontual não o inclui na categoria de adorador de Afrodite; entendo como aqueles resquícios do homem animal poligâmico que ainda existem escondidos em seu subconsciente e que o traem de vez em quando. De certa forma, essas admirações ocasionais são aquelas pequenas atrações oferecidas no ambiente de trabalho que ajudam na defesa da pressão esmagadora que as empresas fazem hoje por resultados. Assim, se você não quiser morrer de infarto, estresse agudo e muitas outras doenças nervosas, você pode ter momentos pontuais de adoração a Afrodite sem maiores compromissos. Mas cuidado! Não vá se empolgar e se deixar dominar pelo Poder de Afrodite. Isso exige de você uma permanente vigilância. Portanto, nada de sentimentos de culpa, desde que não passe de uma simples admiração. Entretanto, chamo sua atenção: muitos adoradores de Afrodite começaram dessa forma.

Honorável pesquisador do Poder de Afrodite:

Eu trabalho em uma empresa nacional e meu diretor dá provas magníficas de ser um adorador de Afrodite. Ele não se preocupa nem em disfarçar que se entregou ao Poder de Afrodite totalmente. É comum ele assediar as funcionárias, sendo que muitas delas, obviamente, dão corda com o objetivo de assegurar melhores oportunidades de carreira e maior segurança no emprego. Mas esse comportamento está revoltando muitas funcionárias que acham isso deplorável e contra os bons costumes, além de não ser profissional da parte dele. Em um dos casos, ele passou a despachar diretamente com uma funcionária enquadrada como "exemplar da espécie", sem se preocupar que o seu gerente não aprovava essa mudança de rotina, uma vez que ele ficava à margem dos assuntos tratados e das decisões tomadas entre os dois. Está certo isso? Como devo proceder, uma vez que ele foi indicado pelo próprio presidente da empresa e são muito amigos?

Hum! Situação delicada essa, não, meu revoltado amigo? Se o seu diretor é um homem de confiança do presidente e você tem a certeza de que uma denúncia não levará a nada, ao contrário, poderá sobrar para o denunciante até com a perda do emprego ou eliminação das oportunidades de carreira, é melhor você esquecer o assunto. Se sua empresa tiver um código de ética e conduta e você acreditar que ele é para valer, talvez você possa até se atrever a fazer uma denúncia. A alternativa é você considerar a possibilidade de se tornar, também, um adorador de Afrodite, se isso não for contra os seus valores e princípios morais, éticos, religiosos e se você gosta de assumir riscos imprevisíveis em sua vida.

Sábio conhecedor do Poder de Afrodite:

Em meu departamento o gerente protege visivelmente uma funcionária. Ela tem recebido várias promoções e aumentos salariais. Na ausência do gerente ela age como se fosse a substituta dele. O pessoal comenta que os dois têm um caso, mas não temos prova disso. Eles parecem disfarçar bem. Porém, não nos sentimos encorajados a levar essa situação para os níveis superiores, porque o diretor dele também tem um caso com sua secretária e o próprio presidente da empresa tem um caso com a gerente de marketing. Parece que a empresa aceita essa situação e não adota nenhuma atitude punitiva. O que devemos fazer?

Meu aflito leitor, o que eu poderia lhe aconselhar? A resposta seria, praticamente, a mesma dada para a pergunta anterior. Se essa política da empresa, apesar de não institucional ou estatutária, é reconhecidamente a prática existente, pouco poderá fazer. Mas esse seu gerente, além de ser um adorador de Afrodite, é um Enrolador de Classe muito bom. Ele deve ter lido com muita atenção e assimilado muito bem as lições apresentadas no livro *Como enrolar seu chefe e progredir na empresa!*

Admirável filósofo do Poder de Afrodite:

Eu confesso que estou envolvida com meu gerente. Todos na empresa reconhecem que eu pertenço à lista das mulheres que se destacam pelos predicados físicos, apesar de que eu tembém cuido muito bem de meus predicados intelectuais! Já estamos nesse romance há oito anos. Desde o começo eu notei um grande interesse dele por mim e logo ele foi dominado pelo meu Poder de Afrodite. Mas eu não quero manter essa situação por mais tempo. Ele diz que vai resolver tudo com sua esposa, contar do nosso caso e se separar dela para, finalmente, ficar comigo. Eu devo acreditar nele?

Minha aflita e decidida leitora, essa é uma velha história já conhecida de todos. Mas o que eu tenho visto? As duas situações. Vi casos em que os adoradores de Afrodite não hesitaram em romper seu casamento e outros que o fizeram alguns anos depois. Da mesma forma, conheci casos em que os adoradores de Afrodite prolongaram o período de adoração sob o argumento de que "um dia" iriam enfrentar a situação em casa, se separar e ficar com a detentora do Poder de Afrodite. E isso acaba não acontecendo, encerrando o seu período de adoração. Você terá que avaliar muito bem o que os dois construíram emocionalmente nesses oito anos. O relacionamento tendeu a ser mais romântico, o amor mais profundo, a amizade mais leal? Ou vocês se encontram somente com a finalidade do momento supremo do Poder de Afrodite? Se for a primeira situação, ainda há alguma esperança. Se for a segunda, caia fora se o seu desejo é mesmo de uma relação mais estável.

Prezado professor da matéria "O Poder de Afrodite":

Temos uma colega de trabalho de muita beleza física de corpo e rosto, liderando o ranking interno das mulheres com maior potencial de Poder de Afrodite. Dizem que ela tem um romance com um dos diretores mais importantes e poderosos da empresa. Acontece que ela usa dessa condição para adotar comportamentos arrogantes, prepotentes e ofensivos com muitas colegas de trabalho. Assim sendo, pergunto: temos que engolir toda essa arrogância, prepotência e ofensas por ela ter a proteção do diretor ou podemos reagir e tratá-la como uma funcionária normal? Já houve casos em que ela atritou com outras colegas que foram, com o tempo, dispensadas da empresa. O que faço? Luto contra ou me uno à inimiga?

Você e suas amigas não são obrigadas a aguentar atitudes arrogantes, prepotentes e ofensas da parte da detentora do Poder de Afrodite pelo fato de ela ter a cobertura de um diretor importante. Apesar de tudo, ele sabe que não poderá enfrentar situações contrárias no ambiente de trabalho vindas de várias funcionárias. Eu acho que você e suas colegas devem conversar sobre uma reação uniforme diante dessas atitudes. Se todas reagirem da mesma forma, ela sentirá que a barra está ficando pesada e, creio eu, tentará mudar suas atitudes. Deve haver uma união entre vocês nesse sentido. Se uma "trair" o esquema, algo como fazer uma fofoca do grupo à dita colega ou uma aceitação a essas atitudes da tal colega de trabalho diferente do combinado, o esquema não vai funcionar. Nunca digam para ela algo como: "Nós não temos medo de você por ser caso do diretor". Isso pode complicar e todas serem chamadas para provar. E, não raras vezes, é muito difícil provar efetivamente a adoração de Afrodite no ambiente de trabalho.

Prezado senhor:

Admiro muito sua vasta experiência nos assuntos relacionados ao Poder de Afrodite. Realmente, casos assim são relativamente comuns nos ambientes de trabalho. Eu sou diretor de recursos humanos de uma grande empresa do ramo automobilístico e gostaria de relatar um caso. Foi o caso que envolveu o gerente de logística e a secretária de importação. Ela era muito bonita e possuía um corpo ainda em boa forma. As atividades de trabalho facilitavam a aproximação dos dois e, assim, o gerente de logística acabou se deixando dominar pelo Poder de Afrodite. E ela procurou exercer esse poder com toda a força. Afinal de contas, estava muito infeliz no casamento e tinha problema de relacionamento com o marido, que era alcoólatra. Ele, igualmente, tinha suas frustrações no casamento. Assim, ambos passaram a manter um caliente *romance, que não conseguiam esconder dos demais colegas da empresa. Quando a empresa se deu conta, foi obrigada a demitir um dos funcionários e escolheu o gerente de logística, uma vez que entendeu que ele descumprira, em plano superior, as normas da empresa. Mas veja, prezado especialista no Poder de Afrodite, como o próprio destino muitas vezes atua a favor desse poder. Uma empresa em expansão na região o convidou para assumir a mesma posição, de gerente de logística. Ele, por sua vez, após um ano na nova empresa, convidou a secretária de importação para uma posição de analista de importação. Assim, poderiam trabalhar juntos novamente. Ela aceitou de imediato. Porém, na nova empresa começaram a surgir os boatos sobre o romance que os dois mantinham, com um agravante: o marido da detentora do Poder de Afrodite trabalhava nessa empresa também. O triângulo ficou estabelecido e os boatos corriam à solta, não se sabendo se o marido conhecia ou não essa situação.*

E as tramas do destino não pararam por aí. O gerente de logística foi promovido a diretor e o marido da atual analista de importação passou a ser um dos funcionários dele. Em pouco tempo, o marido traído começou a perceber que algo havia entre sua mulher e o agora diretor da empresa e ameaçava se suicidar caso ela se separasse. Pelo que fiquei sabendo, o desfecho dessa história foi que o diretor adorador de Afrodite pediu demissão, foi trabalhar em outra empresa e os dois continuaram a se ver às escondidas. Ela, assim, aplacou a ira do marido, mas não abriu mão de continuar tentando o seu adorador com um Poder de Afrodite que se mostrou audacioso e disposto a assumir riscos. O que o senhor achou desse caso?

Bem, foi um caso muito incomum, confesso. Mas não me surpreendo. São aquelas loucuras que os adoradores de Afrodite fazem, assumindo grandes riscos e colocando suas carreiras à prova. Felizmente, no caso, o destino conspirou a favor do adorador e da detentora do Poder de Afrodite. Mas isso nem sempre acontece. Agora, cá entre nós, esse marido ameaçar se suicidar para que a esposa não o abandonasse, mesmo sabendo que estava sendo traído, mostra o quanto ele é fraco. E mulher com grande Poder de Afrodite não gosta desse tipo de homem. Isso explica a situação.

Revolucionário antropólogo que
estudou a fundo o Poder de Afrodite:

Sim, os meus colegas de trabalho me citam como um dos exemplares raros do sexo feminino no escritório. Sou bonita, tenho um belo corpo e malho para mantê-lo assim. Há seis anos tenho um caso com o meu gerente, mantemos o máximo de discrição em nossas relações e procuro não misturar compromissos profissionais com o meu Poder de Afrodite. Eu gosto de aproveitar a vida em todos os seus momentos bons e não me preocupo se ele é casado nem faço cobranças para uma separação. Ela chegou primeiro, respeito isso. Entretanto, o que às vezes me inquieta é que ele continua admirando outras colegas de trabalho, aquelas, sabe?, que se destacam pelos seus atributos físicos. Eu não gostaria de ser traída por ele. Será que corro o risco de ele se tornar um adorador de outra Afrodite?

Preocupada e querida amiga leitora, o homem que se torna um adorador de Afrodite mostra que o lado "animal mamífero poligâmico" está presente em seu subconsciente e que o condicionamento social, sobre o qual já falamos, não foi suficiente para manter esse instinto sob controle. E essa é uma das razões de ele estar com você, certo? Bem, em sendo assim, o risco é potencial. Mas se ele é um homem "satisfeito" e você tem todos esses atributos de que falou, isso pode não acontecer. Acompanhe melhor suas reações, principalmente quando estiverem em relações íntimas. Está havendo mudança de interesse? Menos ímpetos e desejos? Se não sentir diferença, continue acreditando em sua lealdade com você e na deslealdade com a esposa dele. E encare essas atitudes de admirar outras colegas de trabalho como "força de hábito" e mero estímulo masculino.

Iluminado estudioso do Poder de Afrodite:

Modéstia à parte, eu reconheço que me enquadro nas características da mulher "top de linha", aquela que chama a atenção e tumultua o ambiente de trabalho quando aparece. É assim todos os dias. Eu me visto normalmente e, para evitar insinuações, uso roupas até que bem discretas. Mas, mesmo assim, não consigo esconder que tenho um belo corpo, um rosto muito bonito e seios avantajados. Assim, sofro assédios todos os dias de colegas de trabalho e membros da administração da empresa. Entretanto, como se diz, "eu não sou dessas". Quero progredir na empresa única e exclusivamente graças ao meu talento profissional e, para tanto, procuro um aprendizado contínuo. Entretanto, os homens não me deixam em paz, inclusive o meu gerente e o diretor da área! O que devo fazer? Eu pretendo exercer o meu Poder de Afrodite somente para um relacionamento sério e estável. No meu emprego anterior eu fui prejudicada em uma promoção exatamente por esse motivo. Por não corresponder aos assédios do meu chefe, ele ficou diferente comigo e preferiu promover outra funcionária menos qualificada e com menor tempo de casa. Que injustiça, não?

Minha respeitável leitora, eu já presenciei situações como essa e sei o quanto é desagradável e até inseguro para a detentora do Poder de Afrodite. O que eu poderia acrescentar, e que eventualmente pode orientá-la, é que tenho visto duas situações. Uma é a daquela moça que se mantém rigorosamente dentro dessa linha e suas atitudes deixam bem claro para todos os colegas de trabalho: "Não vem que não tem!". Com o passar do tempo, todos aceitam essa posição e passam a admirá-la somente pelas suas qualidades profissionais e de relacionamento com as pessoas. Em alguns casos houve até perda de oportunidades profissionais, mas em muitos outros esse comportamento até ensejou uma carreira melhor. A outra situação é a da moça que não cede, mas se utiliza do seu Poder de Afrodite como uma espécie de "abridor de portas" para suas pretensões de carreira. Ela age alimentando uma "certa esperança", principalmente em seu gerente e/ou diretor da área, e, assim, explora o lado bobo que todos os homens têm de se acharem os donos da bola. Desse modo, na esperança de se tornarem adoradores de Afrodite, o gerente e/ou diretor apostam em iniciativas positivas para elas, como incluí-las em programas de treinamento – principalmente naqueles em que eles estarão presentes –, incentivos salariais e até promoções, além de brindes e presentes após suas viagens internacionais. Sabe, algo como: "Estive na França, me lembrei de você e trouxe este perfume!". Espero ter ajudado.

Assertivo mestre do Poder de Afrodite:

Eu trabalhei como secretária em uma empresa nacional e fui vítima inocente de um caso de adoração de Afrodite pelo meu chefe que gostaria de relatar. Eu trabalhava no departamento de importação e o meu gerente era um homem casado havia quinze anos, um casamento sólido. Ele tinha um sonho de ter filhos, mas sua esposa era infértil. Assim, o casal optou pela adoção de um menino. Dessa forma, o casamento que já era sólido pareceu perfeito. Entretanto, quando tudo na vida do casal parecia estar caminhando muito bem, em um jantar com executivos da empresa o gerente se sentiu atraído pela irmã do diretor da área. Ela era uma mulher muito atraente, mais jovem, solteira, e a manifestação do Poder de Afrodite foi instantânea. Os dois passaram a se encontrar. Como secretária dele, fui a primeira a perceber e me sentia constrangida com a situação, até que um dia o meu gerente me pediu que enviasse bilhetes para a amante, que trabalhava a cinco quadras do nosso escritório. E um inferno começou para mim. Eu vivia uma situação de ter que conversar com a esposa ao telefone enquanto ele falava com a outra também pelo telefone. Isso perdurou por vários meses, até que a esposa recebeu uma ligação anônima falando do caso do seu marido com outra mulher. Ele, por sua vez, chocado com a cobrança da esposa, imediatamente suspeitou de mim e de outra funcionária, a especialista de importação. A ira dele foi tanta que, após várias acareações comigo e a especialista de importação, ele simplesmente resolveu demiti-la por entender que ela traíra sua confiança. Ela ficou surpresa e assustada, além de se sentir profundamente injustiçada, não entendendo a decisão dele, uma vez que jamais tomaria tal atitude. Algumas semanas depois, eu preferi pedir minha demissão e aceitar um convite em outra empresa. A esposa traída era muito amiga do diretor, ou seja, irmão da detentora do Poder de Afrodite, e um dia ela foi jantar com ele para relatar tudo o que tinha ocorrido com o marido na empresa. Como ele já sabia do caso que envolvia sua irmã, preferiu se abster e dar o caso como encerrado, dizendo à esposa traída que o adorador de Afrodite era um bom funcionário e continuava prestigiado na empresa. Eu saí da empresa e não acompanhei mais esse caso. Entretanto, colegas de trabalho da época me disseram que os dois continuavam juntos, porém mantendo com muito cuidado esse segredo da irada esposa traída. O senhor achou justa essa situação para mim e a pobre da especialista de importação que perdeu o emprego?

Minha prezada secretária profissional: não, em hipótese alguma eu acharia justa essa situação, tanto para você como para a sua colega de trabalho que perdeu o emprego. O seu ex-gerente deve dar graças a Deus de não ter que responder a um processo de assédio moral que praticou contra vocês duas com suas atitudes. Veja como os meandros do Poder de Afrodite têm canais obscuros. O próprio diretor da área, por ter sua irmã envolvida no caso, silenciou, colocou panos quentes, abafando a situação. E, para não criar problemas com sua querida irmã nem com a esposa traída de seu gerente de importação, o prestigiou no cargo. Esse é um Enrolador de Classe habilidoso também, não?

Prezado orientador profissional
para as detentoras do Poder de Afrodite:

Admirável esse seu conhecimento sobre o assunto, não? Bem, no meu caso, eu tenho um relacionamento de mais de seis anos com o meu gerente, que sempre se mostrou um grande adorador de Afrodite até que ele conseguiu o que queria. Entretanto, para disfarçar essa situação no ambiente de trabalho ele me ignora totalmente, pouco fala comigo e até se mostra rude na frente de outros colegas de trabalho. Até certo ponto isso tem funcionado, uma vez que nunca vimos ninguém suspeitar de nossas relações. Acontece que ele está extrapolando nesses seus cuidados. Assim, ele não me dá aumentos salariais por mérito, meu salário está congelado há muitos anos e, apesar de meu preparo profissional, ele tem dado preferência para promover outros funcionários com menor preparo. Quando eu falo com ele sobre isso, ele sempre repete que é para assegurar nossa total discrição no ambiente de trabalho e não dar bandeira! O senhor acha justa essa atitude dele? O que devo fazer?

Hum! Essa situação para mim é inusitada. Tenho visto exatamente o contrário, ou seja, os adoradores de Afrodite projetarem suas detentoras e promover aumentos salariais e sua carreira profissional. Mas vejamos o que se pode fazer no seu caso. Bem, eu acredito que você deva ter uma conversa muito séria com ele sobre esse aspecto, manifestando o seu descontentamento com essas injustiças nas relações trabalhistas. Talvez recomendar uma transferência para outra área onde não haja reporte direto com esse seu adorador. Se nada disso funcionar, minha amiga, eu tentaria uma oportunidade de carreira em outra empresa. E, quem sabe, lá você possa até conseguir outro adorador bem mais "profissional" nesse aspecto. Boa sorte!

Meu estimado conselheiro
para assuntos que envolvem Afrodite:

Eu sou esposa de um funcionário que se reporta a um gerente que é reconhecidamente um dos maiores adoradores de Afrodite da empresa. Ele não respeita nada que use saia ou vista calça justa. Dizem que é "doente" nesse aspecto. Acontece que esse gerente vem convidando o meu marido para jantares em sua casa ou em restaurantes, sendo o convite extensível a mim. Em um desses jantares, ele ficou visivelmente encantado por mim,o que foi até notado pelo meu marido. Os convites se sucederam e ele foi ficando cada vez mais atrevido. Nos momentos em que meu marido deixava a mesa por alguma necessidade, ele se aproximava com elogios à minha beleza e ao meu corpo, dizendo até que eu merecia um homem melhor, mais bem-sucedido na vida, que me pudesse garantir mais conforto e mordomias. Apesar de amar muito o meu marido – acho que amo, afinal de contas estamos casados há quinze anos – esses comentários me valorizam. Apesar de me afastar, confesso que no íntimo acabo gostando, principalmente pelo fato de que não ouço isso do meu marido há muito tempo. Mas a situação está ficando perigosa. Na semana passada recebi flores caras com um cartão simplesmente dizendo "de um grande admirador". Tenho certeza de que as flores foram enviadas pelo gerente do meu marido. Além disso, meu marido está supercontente com o seu gerente pelo significativo aumento salarial por mérito que recebeu recentemente. O que devo fazer? Contar ao meu marido? Explorar esse meu Poder de Afrodite em benefício do meu marido? Apesar do meu constrangimento, resolvi consultá-lo. Por favor, diga alguma coisa que possa me orientar e melhor direcionar esse meu Poder de Afrodite que eu acreditava estar morto!

Minha tentada admiradora: que situação complicada, não? Eu não tenho condições de dar um conselho direto pelo fato de se tratar de relações do casal. Posso citar alternativas para inspirá-la em sua decisão. Entretanto, essa situação se parece com aquela frase: "Se ficar o adorador pega, se correr o adorador come!". Bem, quais seriam as alternativas? A primeira, fazer uma denúncia à diretoria. Entretanto, será que pegaria uma denúncia falando de insinuações do gerente? E se não pegar? Ele não vai "pegar" o seu marido? A segunda, falar diretamente com o gerente sobre essa situação desagradável, pedindo que ele pare com as abordagens. Bem, ele poderá parar com as insinuações e com as abordagens. Mas será que após algum tempo o seu marido não vai pagar o pato? A terceira é demonstrar total desprezo e não valorizar no olhar ou com expressões do rosto os elogios, as insinuações que ele faz, mas se mantendo gentil e educada. Com o passar do tempo ele tenderá a desistir. Não há adorador que insista em uma Afrodite que se mostre inatingível! Essa pode ser uma boa alternativa. Ele não terá motivos para nenhuma represália junto ao seu marido. A quarta é não ceder, mas utilizar seu Poder de Afrodite, alimentando uma "certa esperança" para as pretensões do gerente. Assim, na esperança de se tornar um adorador de Afrodite, ele poderá tomar mais iniciativas positivas de carreira e incentivos para o seu marido. Mas essa quarta alternativa é muito perigosa. Eu senti que, de certa forma, os elogios do gerente do seu marido mexeram um pouco com o seu Poder de Afrodite. É a vaidade feminina que se manifesta nessas horas. Será que o caso não pode evoluir e, mais tarde ou mais cedo, o seu marido vai sentir algo estranho crescendo na testa dele? Pense na melhor alternativa!

Bem, temos inúmeros outros e-mails para responder, mas vamos deixar para outra oportunidade. Eu não imaginava que o tema pudesse despertar tanto interesse. As perguntas e respostas apresentadas já esclarecem como é delicada e complicada essa questão do Poder de Afrodite.

Teste

Descubra se voce é um adorador de Afrodite e o grau de facilidade com que se deixaria dominar pelo seu poder

Responda às perguntas a seguir e descubra se você é um potencial adorador de Afrodite e o grau de vulnerabilidade que já abriu para ser dominado pelo seu poder, ou mesmo se você já é um adorador de Afrodite diplomado. Este teste somente é válido para homens casados e para os que vivem um relacionamento estável sob o mesmo teto, independentemente dos aspectos legais do direito civil.

Nota: este teste não é válido para os solteiros sem maiores compromissos, enquanto permanecerem nesse estado civil que lhes garante uma adoração a Afrodite sem limites, respeitando, obviamente, as regras para as boas relações no ambiente de trabalho.

(Seja sincero nas respostas. Elas não serão mostradas à sua esposa ou companheira!)

1. Você observa as colegas de trabalho, notando as que têm um belo corpo e um belo rosto, não as vendo como meras colegas?

( ) Sim
( ) Não
( ) Ocasionalmente

2. Quando você chega ao local de trabalho todos os dias você fica feliz e entusiasmado quando vê uma colega em particular, dando-lhe um bom-dia especial, sentindo que vê-la e conviver com ela lhe faz bem?

( ) Sim
( ) Não
( ) Ocasionalmente

3. Você tem alguma colega de trabalho em especial que procura proteger, consciente ou inconscientemente, projetando sua imagem, desenvolvendo-a profissionalmente, buscando oportunidades de carreira, reconhecendo que, além de suas qualidades profissionais, ela seria a companheira ideal, a mulher de seus sonhos, o seu desejo de consumo pela beleza e predicados físicos?

( ) Sim
( ) Não

4. Você tem uma colega de trabalho com quem, mesmo sem perceber, conversa o tempo todo, e arruma desculpas para estar presente em reuniões e eventos em que ela também estará? Além disso, frequentemente é visto com ela indo para o restaurante ou passeando nos intervalos do trabalho, e reconhece que há algo além de uma simples amizade, como a admiração pela sua beleza e lindo corpo com seios espetaculares?

( ) Sim
( ) Não

5. Nas rodas de conversas informais com amigos, quando o assunto é mulher, você se manifesta dizendo que no serviço tem uma colega que o está tirando do sério pelo belo corpo e beleza?

( ) Sim
( ) Não
( ) Ocasionalmente

6. Você às vezes pensa, no fundo de sua alma, que não resistirá aos encantos de uma determinada colega de trabalho, que vem lhe chamando a atenção por seus dotes físicos, e que só está esperando uma oportunidade e um sinal positivo de abertura da parte dela?

( ) Sim
( ) Não

7. Você às vezes resiste a uma paquera de uma colega de trabalho, que se destaca e chama sua atenção pela beleza e corpo escultural, exclusivamente em virtude de sua família, mas ela não sai de seu pensamento?

( ) Sim
( ) Não

8. Você acha que as festas de confraternização internas são um momento de descontração e de mostrar amizade e interação social com as colegas de trabalho e aproveita essas oportunidades para conversar, dançar e curtir a presença das mulheres mais encantadoras da empresa?

( ) Sim
( ) Não
( ) Ocasionalmente

9. Você se sente tentado todas as vezes em que uma colega de trabalho, especialmente linda e bem feita de corpo, o procura no trabalho e o cumprimenta com aquele sorriso de interesse?

( ) Sim
( ) Não
( ) Ocasionalmente

10. Você já ofereceu carona após o expediente ou após uma festa interna na empresa para aquela colega de trabalho considerada por todos como uma das mulheres mais sensuais da empresa, procurando ser gentil, mas no fundo tentando criar raízes para um eventual futuro fortalecimento de relações entre vocês dois?

( ) Sim
( ) Não

11. Quando você é encarregado de liderar um grupo de trabalho ou coordenar uma reunião, você procura convidar aquela colega de trabalho cuja beleza e corpo espetacular têm chamado sua atenção, como forma de estar perto dela e se fazer mais conhecido?

( ) Sim
( ) Não
( ) Ocasionalmente

12. Você tem prazer no relacionamento sexual com sua esposa e companheira, mas, ao mesmo tempo, imagina que poderia ter um prazer bem maior com uma determinada colega de trabalho que o tem provocado e despertado seu interesse pelo fato de ser muito bonita e ter um corpo sensual?

( ) Sim
( ) Não
( ) Ocasionalmente

13. Numa viagem internacional a serviço da empresa, você chegou a manter relações sexuais com uma colega de trabalho da subsidiária no exterior, apoiando-se no fato de que está longe de casa, está um pouco carente, que ninguém na empresa ou em sua casa nunca saberá?

( ) Sim
( ) Não
( ) Quase cheguei a esse ponto

14. Você tem alguma colega de trabalho, dessas consideradas os melhores exemplares femininos na empresa, para a qual está dando corda, deixando-se atrair e procurando atraí-la, na crença de que, se ela concordasse, você manteria um caso mais sério com ela?

( ) Sim
( ) Não

15. Você, alguma vez, lamentou o fato de ser comprometido e não livre, o que lhe permitiria desfrutar de todas as oportunidades oferecidas pelas colegas de trabalho tão bonitas e atraentes?

( ) Sim
( ) Não

16. Quando em visita a outras empresas, ou mesmo em outros lugares, você fica atento a uma mulher "especial" em beleza e lhe oferece uma oportunidade de trabalho em seu setor, já antecipando se deixar envolver pelo seu Poder de Afrodite? Na empresa você pode até se justificar dizendo que "identificou no mercado uma profissional de raro talento...".

( ) Sim
( ) Não
( ) Ocasionalmente

17. Você sente que o seu compromisso conjugal está em deterioração e desgastado, considerando-se plenamente aberto a qualquer envolvimento com as colegas de trabalho que se apresentarem sedutoras e especiais?

( ) Sim
( ) Não

18. Você leva "presentinhos", como revistas femininas, chocolates, flores, enfeites de mesa, entre outros, para uma colega de trabalho em particular, exatamente aquela que todos dizem que é muito bonita e que tem um corpo de "matar qualquer um"?

( ) Sim
( ) Não
( ) Ocasionalmente

19. Você já está naquela fase de abordar as colegas de trabalho "top de linha" sem maiores constrangimentos e inibições, convidando-as para um chopinho ou um jantar, seguido de algumas horas para as "finalizações" em um lugar discreto e seguro?

( ) Sim
( ) Não

20. Você já está envolvido com alguma colega de trabalho que "foge à espécie" e com quem mantém um tórrido romance, procurando se confortar no pensamento de que não misturará as coisas, ou seja, sempre amará sua esposa ou companheira, mas ao mesmo tempo reconhecendo que só se vive uma vez e que não pode desperdiçar essa oportunidade?

( ) Sim
( ) Não

Avaliação

1. Se assinalou todas as respostas "NÃO", você definitivamente não está classificado como adorador de Afrodite e não tem tendências nesse sentido.

2. Se assinalou até quinze respostas "NÃO", você não é um adorador de Afrodite, apesar de alguns cochilos.

3. Se você assinalou, no mínimo, dez respostas "OCASIONALMENTE" ou "QUASE CHEGUEI A ESSE PONTO", você está mostrando uma boa tendência para adorador de Afrodite e já pode ser considerado um adorador principiante.

4. Se você assinalou mais de dez respostas "SIM", você já pode ser considerado um adorador de Afrodite.

5. Se você assinalou todas as vinte respostas "SIM", você definitivamente é um adorador de Afrodite diplomado e pode ser meu assistente na revisão do livro para as próximas edições!

Eu me esforcei para encerrar este trabalho com alguns exemplos de loucuras que os homens fazem pelas mulheres sob o efeito do Poder de Afrodite. Recorri aos sites de busca na internet.

Encontrei relatos como:

"Eu aluguei um helicóptero e joguei pétalas de rosa na casa de minha amada!".

"Eu contratei um conjunto musical e fomos à porta de minha namorada, onde fizemos uma serenata de madrugada!".

"Eu convidei minha namorada para jantar em um restaurante de classe e contratei um violinista para tocar a música que marcou nosso romance!".

"Eu fiz três lindos poemas de amor expressando todo o sentimento que tenho por ela!".

"Eu convidei minha amada para fazer um cruzeiro marítimo pelas Ilhas Gregas e realizei um antigo sonho dela!".

"Eu a levei para a Disney e brincamos como duas crianças apaixonadas!".

"Eu dei de presente para ela um caríssimo anel de brilhantes!".

E os relatos foram nessa linha. Apesar de meigos e muito românticos, a ponto de causarem admiração em muitas pessoas, infelizmente eu não achei nada muito importante que pudesse expressar as loucuras que os adoradores de Afrodite chegam a fazer no ambiente de trabalho.

Esses, sim, fazem verdadeiras loucuras por Afrodite e assumem elevados riscos para se entregarem ao irresistível Poder de Afrodite: arriscam suas carreiras profissionais; colocam à prova sua imagem perante a empresa, a família e os amigos; abalam ou dissolvem as estruturas de seu casamento; colocam suas próprias vidas a prêmio; entram em depressão tentando conciliar os desafios de manter situações ambíguas; desenvolvem uma criatividade incomum para encontrar o tempo necessário para a adoração a Afrodite; cometem crimes; perdem sua imagem pessoal perante os amigos; travam guerras e batalhas internas; entram em desgraças financeiras; degradam sua saúde física e mental e, não raras vezes, chegam até a morrer.

Esse Poder de Afrodite é tão imenso e arrasta tantos de seus seguidores a momentos de loucura que, certamente, os historiadores e arqueólogos chegarão um dia à conclusão de que a deusa Afrodite continua viva e atuante nos dias de hoje, fazendo jus à sua fama e poder na mitologia do amor. Assim, Afrodite ganhará novas estátuas e desfilará toda a sua beleza e poder nas praças e museus das cidades.

Ah, essa bandida, marginal e adorada Afrodite!

O Poder de Afrodite pode ser exercido em silêncio por uma vida toda ou ser descoberto em poucos dias, pode levar seus adoradores a momentos mágicos de extremo prazer e felicidade, como pode levá-los a grandes tragédias e até à morte.

Mas é um poder que se agiganta cada vez mais e estará presente no cotidiano de seus adoradores enquanto existir a raça humana na face da Terra. E, com certeza, Afrodite continuará a ter os seus adoradores fiéis e enfeitiçados por ela por todos os séculos e séculos, amém!